NATIONALPARKS
DER ROCKY MOUNTAINS

NATIONALPARKS DER ROCKY MOUNTAINS

ROCKY MOUNTAIN · GRAND TETON
YELLOWSTONE · GLACIER/WATERTON LAKES

TEXT-AUTOREN
THEODOR GEUS
KENT + DONNA DANNEN
FOTOGRAFEN
PAUL CHESLEY, JEFF FOOTT,
JAMES FRANK, RON SHADE
UND VIELE ANDERE

ALOUETTE VERLAG

Herausgeber: Jürgen F. Boden und Elke Emshoff
Buchgestaltung: Hartmut Brückner

CIP-Kurztitelaufnahme der Deutschen Bibliothek

Nationalparks der Rocky Mountains:
Rocky Mountain · Grand Teton · Yellowstone · Glacier/Waterton Lakes
Text-Autoren Theodor Geus . . . Foto-Autoren Ron Shade . . . u. v. a.
– Oststeinbek: Alouette Verlag, 1986
   ISBN 3-924324-03-4
NE: Geus, Theodor [Mitverf.]; Shade, Ron [Ill.];

ISBN 3-924324-03-4

Landkarten: © Acadia Verlag

Übersetzung der Sachtexte aus dem Englischen
von Anne Dworak.

Dieser Bildband ist eine internationale Koproduktion zwischen dem Alouette
Verlag, Oststeinbek, und der Rocky Mountain Nature Association, Estes Park,
Colorado.

Herstellung:
Westermann Druck, Braunschweig, 1986

Auslieferung:
VSB Verlagsservice Braunschweig
Postfach 5365
3300 Braunschweig
Tel. (0531) 708-0
Telex 952841 wbuch d

Ein Wort zuvor

Wir möchten an dieser Stelle insbesondere den vielen amerikanischen Fotografen danken, die uns ihr Wissen und Können so großzügig zur Verfügung gestellt haben. Ihren ganz persönlichen Bildauffassungen ist es zu verdanken, daß wir einem internationalen Publikum ein facettenreiches Mosaik dieser großartigen Berglandschaft vorstellen können. Nicht minder wichtiger Bestandteil dieses Buches sind die Textbeiträge, die aus profunder Kenntnis und Zuneigung der Autoren zu dieser großen Landschaft des amerikanischen Westens geschrieben wurden.

Unser spezieller Dank gebührt auch den Damen und Herren der Parkverwaltungen, die uns mit Rat und Tat zur Seite standen. Schließlich möchten wir auch Herrn Dr. Rainer Cordes, Braunschweig, für die Textbearbeitung unseren Dank sagen.

Die Herausgeber

Inhalt

Theodor Geus

Die Rocky Mountains und
ihre Nationalparks

Der Faltenwurf der Erde

Von oben betrachtet – aus dem Blickwinkel des Adlers oder aus der Sicht des modernen Menschen, der sich in den Himmel erhebt, um Kontinente zu überqueren – offenbart sich die ganze Majestät dieser großen Landschaft. Wer immer von Ost nach West über die Vereinigten Staaten von Amerika fliegt – von New York nach Los Angeles, von Chicago nach San Francisco oder Seattle – wird irgendwann nach Stunden des Fluges über flaches Land ein scheinbar unendlich breites und unendlich langes Band von Bergen unter sich liegen sehen, das die Wolken durchragt oder aus einer grüngrauen Ebene, über die ein Patchwork aus Feldern gelegt ist, wächst. Dies sind die Rocky Mountains, ein Meer von Gipfeln mit eisigen Schaumkronen und dunklen Wellentälern, ausgestoßen aus dem feurigen Schlund der Erde und aufgetürmt in Millionen Jahren zu Zinnen, Burgen und Kathedralen aus Fels. Die Rockies sind Teil eines gewaltigen Rückgrats der Erde, das sich von Alaska bis Patagonien hinzieht, die längste Kordillere der Welt – vierzehntausend Kilometer lang, nicht gerechnet die Windungen und Bögen, die ihr die Natur aufgezwungen hat. Sie bilden jene Continental Divide, die Amerika einst in ein bekanntes und unbekanntes Land getrennt hat, aus der die großen Flüsse wegstreben – nach Osten Missouri und Arkansas, nach Westen Columbia und Colorado – und die bis in die Neuzeit hinein ein Riegel war vor einer fernen mystischen Welt, von der die Menschen glaubten, in ihr könnten sich Sehnsüchte erfüllen und Träume wahr werden; vergleichbar vielleicht jener Welt, die die Griechen hinter dem Absturz des Meeres vermuteten oder dem sagenhaften Goldland, auf das die Entdeckungsreisenden aus dem alten Europa jenseits eines grenzenlosen Ozeans hofften – und Jahrtausende zugedeckt von einem großen Schweigen, das keines Menschen Stimme durchbrach.

Als 1858 die gerade zwanzig Jahre alte Julia Archibald Holmes als erste Frau auf dem Gipfel des Pikes Peak in Colorado stand, einem der mehr als fünfzig Viertausender und elfhundert Dreitausender allein in diesem Staat, und über die Berge sah, sagte sie, man fühle sich der Unendlichkeit nahe und die Seele erhebe sich zu Gott. Und so wie sie hat die Macht dieser Gipfel immer wieder die Menschen berührt. Noch heute, da sich zu Füßen der Rocky Mountains Städte ausdehnen, breite Straßen über die Pässe und Kämme führen und fast alle Geheimnisse dieser Erde aufgedeckt sind, ist die Annäherung an dieses Gebirge, das jäh aus der Prärie von Wyoming aufsteigt oder sich steil über die buckligen Felder Montanas erhebt, ein erregendes Abenteuer der Empfindung. In die Betroffenheit über die Schönheit der Grate und Gletscher mischt sich das Erschrecken darüber, daß hier, der rundum wohlorganisierten Zivilisation zum Trotz, die Natur sich immer wieder entfesselt: in seltsamen Rekorden wie der kältesten Nacht mit minus 60 Grad Celsius, einem Blizzard, der in vierundzwanzig Stunden Schnee von mehr als zwei Meter Höhe über das Land schüttet, oder plötzliche Wetterwechsel mit Hagel und Regengüssen aus einem von Blau bis Schwarz verfärbten Himmel. Und in die Lust am beschwerlichen Aufstieg über Geröll und trügerischbrüchiges Gestein oder in die Freude an der Wanderung durch atemlos stille Täler mischt sich die Furcht vor dem Alleinsein mit einem schweigsamen, erbarmungslosen und dennoch lockenden Stück Erde, das, nur wenige Schritte von der Zivilisation entfernt, den Tieren und Pflanzen allein gehört und weithin unberührt geblieben ist. Denn mag auch noch so viel verwandelt worden sein – diese Welt hoch oben ist noch eine Welt für sich geblieben, zumindest dort, wo kein Weg auf den Gipfel führt und Felswände nicht für Bergsteiger in Schwierigkeitsgrade eingeteilt sind. Im Grunde sind die Rocky Mountains immer noch einsame Berge, die sie seit jeher waren, weil es nie Menschen gegeben hat, die hier zu siedeln versuchten. Nie ist hier bäuerliches Land entstanden, nie haben Menschen gewagt, mit diesem feindlichen Land den Kampf aufzunehmen. Dort hat sich kaum etwas verändert seit jener Zeit, als namenlose Jäger den Jahreszeiten und dem Zug des Wildes aus der großen Ebene bis an den Rand der Berge folgten oder wenige Indianer sie auf verborgenen, wie ein Geheimnis gehüteten Wegen überquerten. Kaum etwas hat sich verändert seit der neuen Zeit, als zu Beginn des 19. Jahrhunderts zum ersten Mal weiße Männer dieses Gebirge sahen und zunächst nicht wußten, ob dies wirklich Stein war, was sich da vor ihnen aufbaute oder nur Wolken, die am fernen Horizont die Erde berührten – ein hinderliches Kunstwerk der Natur, das sich mit aller Kraft gegen seine Eroberung wehrte, oder nur eine Fata Morgana, die den Schritt der Eroberer verwirrte.

Überall auf dieser Welt geht von den Bergen eine eigene Faszination aus – sei es als Ort von Sagen und

Legenden, sei es als Hort verborgener Schätze oder als eine stete Herausforderung an Mut und Geschicklichkeit. Und immer galten sie als ein gefährlich schönes Schaustück der Schöpfung, das eine unberechenbare Gewalt in sich trägt. Berge haben ihre eigene, oftmals unheimliche Magie, und sie machen es niemandem leicht, sie zu begreifen. Dies gilt auch für die Rocky Mountains, selbst wenn sie nicht die ganz große Höhe und nicht die ganz große Berührung mit dem Himmel erreichen. Wer diese Berge verstehen will, muß sie im wechselnden Licht des Tages gesehen haben: vom ersten Aufflammen der Morgenröte über die Glut des Mittags, wenn die Gipfel im Sonnenglast zu schwimmen scheinen und sich ihre Konturen aufzulösen beginnen, bis zum Sonnenuntergang, wenn der Fels rosa und violett zu glühen beginnt und grau erlischt. Er muß die Rocky Mountains gesehen haben, wenn sie von Schnee bedeckt, von Wolken verhangen und vom Wintersturm zerzaust sind. Er muß sie im Frühjahr erlebt haben, wenn sie von gleißendem Firn überzogen sind, im Sommer, wenn in den Tälern die wilden Sonnenblumen blühen und die Ponderosa-Kiefer ihren herben Duft verströmt, und im Herbst, wenn sich die Espen gelb und rot in einen prächtigen Farbenmantel hüllen, ehe sie ihre glitzernden Blätter, die der Wind sacht bewegt, in dunkle, kalte Tage fallen lassen.

Dies ist das Land, von dem einst die Indianer einem Jonathan Carver erzählten, es sei voll von glänzenden Bergen, die bedeckt wären mit großen Kristallsteinen. Und jener, von der dem weißen Mann eigenen Gier verführt, glaubte, hier lägen unermeßlichen Reichtum versprechende Diamanten. Dies ist auch das Land, in das die jungen Krieger der Cheyenne, Schoschonen und anderer Indianer-Völker geschickt wurden, um zu fasten und mit dem Großen Geist Zwiesprache zu halten, dem sie hier ganz nahe waren, und aus dem sie zurückkehrten mit Visionen, die ihnen Kraft und Stärke verliehen. Sie hatten die Stimmen gehört, die aus dem Rauschen der Bäume und dem Gurgeln der Bäche klingen, und sie hatten aus dem Spiegelbild des Himmels in den Seen eine Macht erkannt, die das Leben bestimmt. Tatanga Mani oder Walking Buffalo, ein Stoney-Indianer, hat dies so beschrieben: »Wußtet ihr, daß Bäume sprechen? Doch, das tun sie. Sie sprechen miteinander, und sie sprechen auch zu euch, wenn ihr zuhört. Das Schlimmste ist, daß die Weißen nicht zuhören. Sie haben es nie gelernt, den Indianern zuzuhören. Ich aber habe eine Menge von den Bäumen gelernt: Mal erzählen sie vom Wetter, mal von Tieren und manchmal vom Großen Geist.« Wer sich von diesen Bergen verwandeln läßt, wird vielleicht diese Stimmen aus der Vergangenheit hören – an einem Abend, ehe die Nacht über die Gipfel fällt.

Heute, da wir längst den Glauben an wunderbare Kräfte verloren haben, suchen wir nach Erklärungen, die der Vernunft entsprechen und nicht bloßen Glauben verlangen. Dafür haben die Forscher, auch wenn noch nicht alle Rätsel des Werdens der Erde gelöst sind, viele einleuchtende Antworten gegeben. Es mag in der Morgendämmerung dieser Welt – im Präkambrium vor etwa einer Milliarde Jahren – gewesen sein, als aus einem Urmeer Hügel aus Sedimenten auftauchten, unmerklich wuchsen und sich unter dem gewaltigen Druck immer neuer, sie überlagernder Schichten zu Stein verfestigten, jenem Grundstoff der Rocky Mountains, den Geologen noch heute erkennen können als Adern im Fels oder als Brokken irgendwo in den Wäldern. Doch gemessen an den Zeiträumen, in denen man bei der Formung der Erdengestalt denken muß, hatte dieses erste Gebirge nur kurzen Bestand. Als sich das Land zu heben begann – warum, ist eine der offenen Fragen –, zerbrach es unter ungeheuren Spannungen, Magma quoll aus den Rissen in der Erdkruste und erstarrte zu Granit; Wind und Wetter schliffen den Stein zu gigantischen Tafeln, die das Meer überspülte und über die abermals Sediment abgelagert wurde – ein Prozeß des Zerstörens und Aufbauens, der sich stetig wiederholte wie Ebbe und Flut, Leben zu dinosaurischen Formen entwickelte und vernichtete.

Der entscheidende Vorgang für das Wachsen der Rocky Mountains ereignete sich vor etwa siebzig Millionen Jahren im Tertiär, als sich zyklopische Kräfte im Inneren der Erde zu regen begannen. Die Fantasie reicht nicht aus, um sich jenes höllische Spektakel vorzustellen, als Feuer ausbrach und flüssiges Gestein über das Land floß und jener gewaltige Faltenwurf entstanden ist, über dem sich heute das Gebirge der Rocky Mountains aufbaut. Eine vage Erinnerung an dieses Ereignis ist noch im Yellowstone-Gebiet lebendig, wo aus einer dünnen Haut der Erde Geysire, brodelnder Schlamm, Dampf und kochendes Wasser dringen. Und was damals ausgeworfen wurde, ist zum Beispiel auf den Gipfeln im Teton-Gebirge zu sehen, wo das älteste Gestein ganz oben liegt, herausgefräst und befreit von allen Zutaten jüngerer Epochen.

Während sich das Land in den nächsten Millionen Jahren weiter aufwölbte, begannen die Rocky Mountains jene bizarren Formen anzunehmen, die jetzt einen so erregenden Anblick bieten. In das tiefer liegende weiche Gestein gruben Flüsse mäandrierende Canyons. Geröll häufte sich zu den weiten, mit dürrem Gras bewachsenen Hochebenen, die zu Füßen der Berge weite Teile von Colorado, Wyoming und Montana bedecken. Den letzten Schliff allerdings erhielt das Gebirge – immer mit der erdgeschichtlichen Elle gemessen – erst in jüngster Zeit. Die schroffen Zacken, die Türme und Zinnen, die nadelspitzen Grate und die dramatisch in die Tiefe stürzenden Hänge begannen zu entstehen, als es vor etwa einer Million Jahren auf der Erde kalt wurde, subtropische Wälder verschwanden, Mastodonten starben und riesige Flugechsen verendeten, alles Leben im Frost erstarrte und die Sonne kraftlos am Himmel stand.

Man weiß, daß es mindestens drei große Eiszeiten gegeben hat – die letzte begann vor etwa achtzigtausend Jahren, kurz nachdem der Homo erectus seinen Kampf ums Überleben begonnen hatte, und endete vor acht- bis zehntausend Jahren. Dies waren klimatische Veränderungen erschreckenden Ausmaßes. Ungeheure Mengen Schnee, mehr als sechzig Meter im Jahr, fielen über die Gipfel und verdichteten sich nach und nach zu Eis. Es entstanden riesige Gletscher, die sich in Bewegung setzten und, gigantischen Hobeln gleich, alles aus- und wegräumten, was ihnen im Wege war. Dies in Bewegung geratene, sich Wege suchende Eis, von dem heute kaum noch Spuren erhalten sind, und das durch kleinere, seitdem sich neu bildende Gletscher in größeren Höhen ersetzt wurde, war die entscheidende Kraft, die verwandelte, zerstörte, Neues formte und den Stein zu seiner bewunderten Schönheit modellierte. Solches geschah überall auf der Erde – in den Anden, im Himalaya, in den Alpen.

Die Spuren des Eises sind in den Rocky Mountains am deutlichsten an den riesigen Karen, gewaltig großen Schüsseln ähnlich, die an einer Seite zerbrochen sind, zu erkennen. In ihnen sammelte sich der Schnee, verdichtete sich zu Eis, das über ihren Rand hinausquoll, die hindernde Barriere aufsprengte und selbst härtesten Stein wie Granit und Quarzit mit sich in die Tiefe zog, unaufhaltsam und mit gewaltiger Kraft. Die Spuren des Eises sind auch in jenen wundersamen stillen Bergseen zu erkennen, in deren Oberfläche sich die Gipfel und die Wolken spiegeln. Rechts und links der Kammlinie liegen sie aufgereiht, Paternoster-Seen genannt, weil sie den nachtblauen Perlen eines Rosenkranzes gleichen. Spuren sind sichtbar in den von Schmelzwassern geschaffenen Tälern und in den oft weit über dreitausend Meter hinaufreichenden Moränenhalden und Schluchten, wo nur noch besonders zähes Leben gedeiht: Flechten, Moose und talwärts die Engelmann-Fichte und Balsamtanne – aus der Ferne betrachtet ein dichter, grüner Pelz, der sich einer Decke gleich über die Hänge legt. Sogar als Schatzgräber hat sich das Eis bewährt. Wenn heute in den Rocky Mountains Aquamarin, der wie eine Erinnerung an die Farbe der Gletscher blaßblau leuchtet, Türkis, Achat, Amethyst und Granat leicht zu finden sind, liegt das daran, daß durch die schürfende Tätigkeit des Eises das Innerste nach außen gebracht und das Unterste zuoberst gekehrt wurde.

Manchmal ist noch etwas zu fühlen von den Mächten, die hier über Hunderttausende von Jahren gewirkt haben. Wenn im Winter, der in den nördlichen Regionen acht Monate dauert und ohne Frühling abrupt in einen Sommer wechselt, ein frostiger Wind um die Gipfel pfeift und Schneewolken vor sich her treibt, die ihre Last so ausschütten, daß Straßen unpassierbar werden, wenn Maultierhirsche und sogar die scheuen Dickhornschafe die Nähe menschlicher Siedlungen im Tal suchen, wenn Lawinen herabstürzen und Schmelzwasser als reißende Bäche über die Hänge fällt, so sind dies Zeichen einer Natur, die sich keine Fesseln anlegen läßt und beharrlich ihr einmal begonnenes Werk fortsetzt: die Metamorphose der Landschaft.

Es ist ein Prozeß, der sich in vielen, unmerklich kleinen Schritten vollzieht. Dem menschlichen Auge verborgen, verändern sich die Berge unaufhaltsam – durch Eis, das sich in Felsspalten zwängt, durch Wind und Regen, durch Steine sprengende Wurzeln, unter dem Tritt der weißen Schneeziege. Noch gar nicht gerechnet die Eingriffe des Menschen, von dessen Tätigkeit auch die Rocky Mountains nicht unberührt geblieben sind. Hätten wir die Chance, die Geschichte unserer Erde im Zeitraffertempo zu betrachten, so würden wir gewahr, daß in den Bergen nichts ewig und nichts vollendet ist. Besäßen wir die Erinnerung der ersten Menschen, die sich zaghaft diesem Gebirge näherten, wüßten wir um den Wandel ihrer Gestalt. Doch diese Zeit bleibt im Dunkeln – uns nur die Gewißheit, daß für das Werden dieser Erde tausend Jahre weniger sind als ein Menschentag.

Gezähmte und ungezähmte Natur

Der 30. April des Jahres 1803 war einer der denkwürdigen Tage in der Geschichte der Vereinigten Staaten. An diesem Tag wurde jener Vertrag unterzeichnet, den die Unterhändler des Präsidenten Thomas Jefferson in Paris dem napoleonischen Frankreich abgerungen hatten. Die junge Nation hatte, begünstigt durch die Wirren der europäischen Politik und die Not eines bedrängten Kaisers, für fünfzehn Millionen Dollar – tausend Quadratmeter Land für einen Cent, viel Geld für scheinbar wertlosen Boden – ein riesiges Territorium gekauft und damit die Fläche seines Staatsgebiets fast verdoppelt.

Durch diesen sogenannten Louisiana Purchase war das gesamte Land zwischen dem Westufer des Mississippi und dem Ostrand der Rocky Mountains dazugewonnen worden – unerschlossenes, wildes, unbekanntes Land, über das es nur spärliche und unglaubliche Nachrichten gab von blutrünstigen Indianern und einer Natur von solcher Größe, wie sie nie zuvor ein Mensch mit weißer Haut erblickt hatte. Nur wenige Jahre, nachdem die ersten Schritte in dieses neue Land getan waren, schrieb der französische Abenteurer Gustave Aimard: »Amerika ist das Land der Wunder. Alles gelangt dort zu einer so gewaltigen Entwicklung, daß die Fantasie davor erschrickt und der Verstand stillsteht. Die Berge, Flüsse, Seen und Ströme sind nach einem erhabenen Muster gebildet.«

Als nach der Öffnung des Louisiana-Territoriums Tausende den Ruf des Westens hörten – die Pioniere, die Entwurzelten, die Verzweifelten, die eine neue Heimat suchten – und immer tiefer hinein den Spuren von Trappern, Pelzhändlern, Prospektoren und Soldaten folgten, bestätigten sich alle Gerüchte, die man sich in den Salons des zivilisierten Ostens erzählt hatte, und das Gros der Legenden wurde Wirklichkeit. Dieser junge Teil Amerikas, den zu erobern nur die Mutigsten wagten, der nur den Stärksten eine Chance zum Überleben bot und der auf einem steinigen Weg der Enttäuschungen Schritt für Schritt – das Gewehr in der einen und die Hacke in der anderen Hand – erschlossen wurde, erhielt bald auch jenen romantisch-heroischen Glanz, der bis heute in den Geschichten über den »Wilden Westen« nachwirkt und einen Mythos geschaffen hat, der das amerikanische Selbstverständnis entscheidend prägte. Selbst in das alte Europa drangen die Meldungen über eine Welt voller Seltsamkeiten und Abenteuer, Verlockungen einer fremden Welt, die nicht nur zur Hoffnung für die Armen wurden, sondern auch Adlige wie den württembergischen Herzog Paul Wilhelm, den Prinzen Maximilian zu Wied und den Baron Balduin von Möllhausen anzogen, die das Land bereisten und beschrieben. Dazu steuerten Scharlatane und Fantasten, die den neuen Westen Amerikas nie gesehen hatten, haarsträubende Kolportageromane bei, die von einem neugierigen, wissensdurstigen und bildungshungrigen Publikum verschlungen wurden. Aber auch in Amerika selbst wurde durch die Erzählungen von James Fenimore Cooper, Henry David Thoreau, einem frühen Vorläufer »grüner« Bewegungen, und Washington Irving eine nationale Begeisterung für den Pionier-Westen geschürt, die sich nicht im Praktischen – der Landnahme und der Ausbeutung jungfräulichen Bodens – erschöpfte, sondern mehr und mehr idealisiert wurde als ein Ort des Reinen und Schönen, an dem sich der Mensch seiner ursprünglichen Fähigkeiten und Aufgaben erinnern dürfe.

Schon um 1830, als in diesem Land Ströme von Blut – das Blut von Menschen und Tieren – zu fließen begannen, hatte der Anwalt und Maler George Catlin, berühmt geworden durch Zeichnungen über das Leben der Comanchen und durch großformatige indianische Jagdszenen, den Plan, Teile dieses schier unendlichen Raumes der Nutzung zu entziehen und in einen Park zu verwandeln, in dem die Menschen und die Tiere wie in einem wiedergewonnenen Paradies leben sollten. Auch wenn die Zeitgenossen über diese Utopie eines weltfremden Künstlers lachten, so war damit doch die Saat gelegt für den Gedanken, daß die gerade entdeckte, einzigartige Natur nicht restlos vernichtet werden dürfe und Respekt geboten sei gegenüber der Schöpfung, der sich freilich nicht auf das »Jagdbare« erstreckte: den Indianer, den Büffel oder den Silberlöwen. Es waren vor allem Männer aus dem von der industriellen Revolution zunehmend deformierten Osten, die, ergriffen von der Schönheit der Berge, der Weite der Ebenen und der Gewalt der Flüsse, zu Propagandisten solcher Ideen wurden. In dieses enthusiastische Schwärmen für die Beweise einer übergeordneten Gestaltungskraft mischte sich auch das Gefühl des Stolzes, daß die junge amerikanische Nation – aus der Sicht der Alten Welt ein Emporkömmling auf der Suche nach Identität – etwas Unvergleichbares besaß, etwas, das sich mit den Attraktionen Europas nicht nur messen konnte, sondern diese sogar noch übertraf. Später, in den dreißiger Jahren dieses Jahrhunderts, wurden die Naturwunder bei der Kampagne »See America first« gar zu Symbolen nationaler Größe stilisiert und als Mittel eingesetzt, die Bürger von Reisen ins Ausland – vor allem in die bei den Wohlhabenden geschätzte Schweiz – abzuhalten. Dennoch bleibt es erstaunlich, daß sich in einer fieberhaft nach Gewinn strebenden Zeit eine Empfindsamkeit regte, die nicht recht in das neue amerikanische Selbstverständnis passen wollte.

Es ist einigen wenigen Männern aus dem Bundesstaat Kalifornien, der nach dem amerikanisch-mexikanischen Krieg Teil der Vereinigten Staaten geworden war, zu verdanken, daß der Gedanke, Landschaft zu schützen, zum ersten Mal aktenkundig gemacht wurde. 1864 – sechzehn Jahre nach Kriegsende – baten sie ihren jungen Senator John Conness, dafür zu sorgen, das Yosemite-Tal und die Mariposa Grove, wo die gewaltigen Redwood- oder Mammutbäume wachsen, vor Ausbeutung und Zerstörung zu bewahren. Sie hatten mit Empörung gesehen, daß diese uralten Stämme der Sequoia gigantea immer wieder gefällt und nach Europa transportiert wurden, um sie einem erstaunten Publikum als Beweis für die Absonderlichkeiten und Monströsitäten Amerikas vorzuführen. Das Yosemite-Tal sollte geschützt werden »for public use, resort and recreation«. Damit war ausgesprochen, was den amerikanischen Nationalpark-Gedanken bis heute bestimmt: Jene Wunder der Natur, die auf alle Zeit dem öffentlichen und privaten Zugriff entzogen werden sollten, waren nicht als unberührbare und unbetretbare Reservate einer sich selbst überlassenen Wildnis gedacht, sondern sollten der Erbauung und Erholung dienen – ein folgenschwerer Gedanke, dessen Konsequenz eine immer weitere Erschließung durch Straßen, Campingplätze und Feriensiedlungen war, die dazu geführt hat, daß heute diese Natur so komfortabel ausgebaut ist, daß sie sich bequem vom Auto aus genießen läßt. Dies ist ein Widerspruch in sich, der dennoch aus der gegenwärtigen Sicht der Natur wieder guttut, weil erst dadurch menschliches Tun organisier- und kontrollierbar wird.

Auch als 1872 das Yellowstone-Gebiet durch den Präsidenten Ulysses Simpson Grant nach harten Auseinandersetzungen zwischen wenigen Idealisten auf der einen und Spekulanten – einer starken Eisenbahn-Lobby und Politikern, die auf eine möglichst rasche Besiedlung drängten – auf der anderen Seite, mit Hilfe eines Bundesgesetzes zum ersten amerikanischen Nationalpark erklärt und damit zum Modell für ein einzigartiges System wurde, das heute 334 sehr verschiedenartige nationale Sehenswürdigkeiten mit jährlich etwa 250 Millionen Besuchern einschließt, stand von Anfang an fest, daß dieses Stück Erde, auf dem sich die Natur in besonders spektakulärer Art darstellte, in erster Linie Attraktion sein müßte. Wirklich geschützt wurde der Yellowstone Park dann auch erst Jahre nach seiner Gründung, als 1886 eine Einheit der amerikanischen Kavallerie einrückte. Damals hatten Jäger, Fallensteller und Hunderte von »Lehnstuhltouristen« aus dem Osten bereits große Teile des Parks verwüstet: durch Wildern, durch Waldbrände, die sich aus achtlos entzündeten Lagerfeuern entwickelten, durch Wegschleppen von Steinen. Schon früh zeigte sich mit erschreckender Deutlichkeit, daß die bloße romantische Verlockung ohne das rechte Bewußtsein für die Empfindlichkeit einer scheinbar im Überfluß vorhandenen Natur nur Schaden anrichtet und daß der Mensch lernen muß, sich nicht nur die Erde untertan zu machen, sondern sie auch zu pflegen. Auch in anderen Nationalparks mußte Militär zum Schutz aufgeboten werden, ehe 1916 der National Park Service, eine Abteilung des Innenministeriums, die Verwaltung übernahm.

Heute gelten überall strenge Regeln, die auch mit einer erstaunlichen Disziplin befolgt werden. Dennoch ist es eine fast unlösbare Aufgabe geworden, das Gleichgewicht einer empfindlichen Landschaft aufrechtzuerhalten, selbst wenn in den meisten Fällen nur einige Prozent der Nationalpark-Flächen der Öffentlichkeit zugänglich sind und sich die großen Besuchermengen vor allem auf jene Punkte konzentrieren, die als große Sehenswürdigkeiten ausgewiesen sind. Wenn inzwischen Abermillionen Menschen jedes Jahr in die Nationalparks drängen und immer mehr von ihnen von den präparierten Wegen durch eine gezähmte Wildnis auf der Suche nach dem wieder gefragten Abenteuer Natur abweichen, so zeigt dies, wie sich die Gefahr vergrößert, daß diese Nationalparks im wahren Wortsinn zu Tode geliebt werden. Um ihr zu begegnen, hat man sich zu einem gravierenden, die Vorstellung von amerikanischer

Freiheit belastenden Einschnitt durchgerungen. Drei der am meisten besuchten Parks – Great Smoky Mountains, Yellowstone und Yosemite, werden geschlossen, wenn die sogenannte »carrying capacity«, die Tragfähigkeit, erreicht ist. Zu diesen Gefahren kommen noch die Bedrohungen, die von außen auf die Parks wirken: die willkürlich um sie gezogenen Grenzen ohne ausreichende Pufferzonen, die bewirken, daß die wirtschaftliche Nutzung mit allen nachteiligen Folgen für den Wasserhaushalt und für die Bewegungsfreiheit der Tiere oft direkt an den Parkrändern beginnt; wachsende, zum Teil außer Kontrolle geratene Umwelteinflüsse; Borkenkäfer-Epidemien, Waldbrände, Dammbauten, Ölbohrungen. Es zeigt sich, daß die als unerschöpflich geltende Kraft der Natur sich gegen diese Einflüsse nicht auf Dauer behaupten kann. Wo der Mensch begonnen hat einzugreifen, werden immer neue Eingriffe folgen. Die Erkenntnis ist bedrückend, daß dadurch das freie Spiel aller Kräfte des Lebens nicht mehr möglich ist.

Der National Park Service hat ein bewundernswertes Informations- und Erziehungssystem für Erwachsene ebenso wie für Kinder entwickelt. Bis jetzt reicht es dennoch nicht aus, allen Besuchern deutlich zu machen, daß Natur kein Konsumgut ist, sondern Gegenleistung verlangt: vor allem das Gefühl für die Verletzlichkeit eines Waldes oder einer Wiese, den Respekt vor der Natur, die Sorge um ihre Vergänglichkeit. Dies bedeutet allerdings, ein historisch begründetes Mißverständnis auszuräumen, daß nämlich diese Nationalparks kein Museum mit Tieren, Bäumen und Blumen sind und wie ein solches behandelt werden können, sondern daß sie ein lebendes Gebilde sind, das zu ähnlichen allergischen Reaktionen fähig ist wie der menschliche Körper, wenn Belastungsgrenzen überschritten werden.

Es ist nicht verwunderlich, daß die Nationalpark-Idee von den Rocky Mountains ausgegangen ist, denn diese gewaltige Schranke aus Eis und Fels war nicht nur eine magische Grenze für das junge Amerika, die sich seinem Drang in die Ferne in den Weg stellte, und ein Land, an dem sich die Kraft des Menschen immer wieder brach, sondern diese Berge waren auch ein Quell der Fantasie: Sie lehrten das Staunen vor der Macht der Natur mit ihren unerklärlichen, geheimnisvollen Vorgängen. Wie schon Jahrtausende zuvor den von Norden zugewanderten Völkern muß-

ten sie auch dem weißen Mann als Beweis eines überirdischen Wirkens erscheinen. Aus allen frühen Berichten über die Begegnung mit den Bergen ist diese tiefe Betroffenheit durch eine Landschaft zu erkennen, die der Vorstellungskraft neue Maßstäbe setzte. Als Balduin von Möllhausen 1858 den Colorado-Fluß stromauf fuhr und in die Rocky Mountains eindrang, schrieb er: »Über mächtigen Anhäufungen von vulkanischem Gestein erheben sich die Formen von Burgen, Wällen und langen Mauern; manche regelmäßig und senkrecht, wie um Jahrtausenden zu trotzen, andere wieder gespalten und überhängend, als ob die geringste Erschütterung sie herabzustürzen vermöchte. Die dunkle, schwarze und rötliche Färbung des Gesteins hob den wilden Charakter dieser vegetationslosen Felswände hervor, aber über diese hin wölbte sich der reine, prächtige Abendhimmel. In duftigem Blau schwammen die fernen Gebirgszüge, wie ein leichter Nebel lagerte sich der Rauch der Feuer vor mir in der Schlucht, und friedlich schaute die bleiche Scheibe des Mondes auf diese leblose Wildnis.«

Solch eine Romantik durchdringt alle diese Geschichten, selbst jene, die vom Schrecken der Berge erzählen: von Frost und Hunger, wilden Tieren und feindlichen Indianern, vom Kampf mit den Unbilden der Natur und vom einsamen Tod. Selbst bei denen, die nur hierherkamen, um das Neueste in einer neuen Welt zu sehen oder um zu Reichtum zu gelangen, wandelten sich Gier, Sensations- und Abenteuerlust bald in Ergriffenheit und Ehrfurcht. Und so ist es auch zu erklären, daß in jener Nacht des Jahres 1870 im Yellowstone-Gebiet, als General Henry D. Washburn auf einer Expedition von Montana aus mit seinen Freunden Nathaniel Langford, Richter Cornelius Hedges und Kavallerie-Leutnant Gustavus C. Doane am Lagerfeuer saß, sie schließlich den Plan faßten, dafür einzutreten, daß dieses Gebiet nicht einigen wenigen, sondern allen Amerikanern gehören müsse, ein freies, ungenutztes Land. Zwei Jahre später ist es so besiegelt worden.

Heute gibt es in der schier endlosen Kette der Rocky Mountains, die sich, aufgespalten in einzelne Massive und durchbrochen von großen Senken und Hochebenen, von Colorado über Wyoming bis nach Montana in einem weiten Schwung hinzieht, vier Nationalparks – höchst unterschiedlich in Gestalt und Entwicklung: Rocky Mountain, Grand Teton, Yellowstone und Glacier, sowie den auf kanadischer Seite sich anschließenden Waterton Lakes Nationalpark. Ihnen gemeinsam ist der überwältigende Anblick, der grandiose Prospekt hoch aufragenden Gesteins, die publikumswirksamen Attraktionen, die Teile dieser Parks in einen Rummelplatz verwandeln, andererseits Teile von überwältigender Einsamkeit und Stille. Denn wenn hier auch in hundert Jahren die Veränderungen dieser Erde nicht spurlos vorübergegangen sind, so sind diese Berge dennoch weithin rauhes Land geblieben, über dem noch immer der Adler seine Kreise zieht und in dem blaue Blumen blühen. Dieses Land liegt allerdings fernab der Highways und entzieht sich dem flüchtigen Augenschein. Es ist ein verborgenes Land, das nur der findet, der es mit offenem Herzen sucht.

Rocky Mountain Nationalpark

Gleich hinter der großen Stadt Denver erhebt sich jäh aus der Ebene eine mächtige Kette mit hundert Gipfeln von über dreitausend Metern, noch einmal überragt vom Felsenturm des 4345 Meter hohen Longs Peak. Im Winter, wenn er vom Schnee überzogen ist, leuchtet der Longs Peak wie ein Diamant, im Sommer berührt er kalt und schwarz den Himmel. Seit er in den Eiszeiten herausgemeißelt und zu einem gedrungenen Block geschliffen wurde, war er die weithin sichtbare Landmarke für die ersten Menschen, die sich – das war vor etwa 15 000 Jahren – auf der Jagd nach Mammut und Bison bis an den Rand der Berge wagten. Er ist abermals Wegweiser gewesen, als Tausende von Jahren später wieder Menschen, aus den unendlichen Weiten der Ebene kommend, vor diesem für sie unüberwindlichen Massiv standen – Jäger, die sich im Herbst wieder in das wärmere flache Land zurückzogen. Niemand weiß, woher sie gekommen und wohin sie gegangen sind; weiter im Süden nennen die Navajos sie Anasazi, die »Alten« oder »Die vor uns da waren«, an die nur noch in die Erde gegrabene Häuser erinnern.

Die Spurensuche nach der Vergangenheit dieser Berge wird leichter seit der Zeit, in der jene Indianer ihre Wanderungen durch das weite Land begannen, die, etwa tausend Jahre zurückreichend, eine Geschichte besitzen. Auf der westlichen Seite des Kamms waren dies die Ute und Schoschonen, auf der östlichen zuerst Apachen und Comanchen auf ihrem Zug nach Süden und dann die Arapahos, Cheyenne, Crow und Blackfeet. Die Arapahos nannten den Longs Peak und den Mount Meeker, den anderen aus den Wogen der Berge herausragenden Gipfel, die Zwei Führer. Ihnen schienen die Rocky Mountains eine vom Großen Geist geschaffene Mauer zum Schutz gegen ihre Feinde zu sein, die nur dann den gefährlichen Marsch über die Pässe wagten, wenn sie der Hunger dazu trieb. Die Indianer jedenfalls kannten längst die Wege über die Berge, bevor der weiße Mann hier ankam, um nach ihnen zu suchen – von Westen her spanische Händler und von Osten französische Trapper, die die »Zwei Führer« nun »Zwei Ohren« nannten, und schließlich im Jahre 1806 ein junger Amerikaner, Leutnant Zebulon Pike, der ohne Auftrag und auf eigene Faust mit nur wenigen Begleitern das neue Land durchquert hatte. Eigentlich entdeckt wurden die Berge jedoch erst, als nach dem amerikanischen Unabhängigkeitskrieg der Wilde Westen zum Ziel zahlreicher Expeditionen geworden war – eine Entdeckung in kleinen Schritten voller Mühsal und Gefahren. 1820 erreichte Major Steven Long mit zweiundzwanzig Männern die Rocky Mountains. Auch Long war, so nachzulesen in seinem Bericht, tief bewegt beim Anblick dieses steinernen Walls. Ihm folgten in den nächsten Jahren immer mehr »Mountain Men«, halb Trapper, halb Glücksritter und Reisende: John Charles Fremont, Rufus Sage und der Goldsucher Joel Estes, der zusammen mit seinem Sohn Milton in der Wildnis eine Hütte baute und Vieh zu züchten begann, allerdings nur für kurze Zeit, denn selbst diese harten, an Entbehrungen gewöhnten Männer kapitulierten schließlich vor den strengen Wintern.

Damals schon gab es in der Ebene eine kleine Siedlung namens Auraria, das spätere Denver, eine jener Bretterbudenstädte, die überall dort aus dem Boden wuchsen, wo Gold gefunden wurde. Hier freilich war der Goldrausch kurz, und die durch den Silberrausch genährte Hoffnung endete mit Pleiten, die beinahe die Existenz der jungen Stadt zerstört hätten. Die Abenteurer und Prospektoren zogen weiter, als woanders reichere Funde lockten, zurück blieben die Farmer und Viehzüchter. Die Nachricht von den gewaltigen Bergen aber war längst in den Osten gedrungen. In einer langen Reise kamen die ersten Touristen, um sie in Augenschein zu nehmen. William M. Byers, Gründer, Herausgeber und Schreiber der »Rocky Mountains News« in Denver, der nicht müde wurde, in seiner Zeitung die Schönheiten Colorados zu preisen, träumte eines Nachts davon, den Longs Peak, der ihm herausfordernd vor Augen stand, zu besteigen. Als er sich jedoch den steil aufragenden Felswänden genähert hatte, schrieb er: »Wir sind ziemlich sicher, daß kein lebendes Wesen, außer wenn es Flügel hätte, jemals auf dem Gipfel gewesen ist.« Seine Prophezeiung, niemand wäre fähig, den Berg zu bezwingen, war allerdings schon vier Jahre später überholt: Am 23. August 1886 stand er selbst zusammen mit John Wesley Powell, der im Bürgerkrieg einen Arm verloren hatte, und fünf Gefährten auf der Spitze des Longs Peak. Heute sind es in jeder Saison an die zehntausend Menschen, die ihn über verschiedene Routen erklettern. Vor einigen Jahren erst wurden die Eisen aus dem Fels entfernt, um die Besteigung wieder etwas schwieriger zu machen. Der Longs Peak aber war inzwischen ein berühmter Berg geworden, ein Symbol für den Pioniergeist Amerikas. Als Jules Verne 1866 seine »Reise zum Mond« auf der fernen Mittelmeerinsel Mallorca schrieb, stellte er das Riesenteleskop zur Beobachtung des Raketenflugs dort auf, »von wo man am weitesten in das Universum schauen konnte, auf den Gipfel des Longs Peak im Lande Missouri«.

Zu jenen Männern und Frauen, die von diesem Berg angezogen wurden, gehörten Menschen mit Eigenart – die englische Schriftstellerin Isabella Bird zum Beispiel, der exzentrische Lord Windham Thomas Wyndham-Quin, der hier, besessen von dem Gedanken, sich im Wilden Westen ein eigenes Königreich zu schaffen, ein gewaltiges Stück Land erwarb und sich von europäischen Handwerkern ein dreistöckiges Jagdhaus bauen ließ, und Enos Mills, der 1884, gerade vierzehn Jahre alt und kränklich, diese Rocky Mountains sah und niemals mehr von ihnen losgelassen wurde. Und es war dieser Enos Mills, der mit einem Fanatismus ohnegleichen dafür zu kämpfen begann, daß dieses Stück Land geschützt werde. Unterstützt von seinem väterlichen Freund John Muir war er Winter für Winter im Osten unterwegs, um seine Ideen zu verbreiten, bis 1915 das Ziel erreicht war: Am 4. September wurde ein erster Teil der heute geschützten Region zum Nationalpark erklärt. Sieben Jahre später starb Enos Mills einen merkwürdigen Tod. Er, der die Natur über alles geliebt hatte und ihr sein ganzes Wissen verdankte, der mehr als zweihundertfünfzig Mal auf den Longs Peak geklettert war, erlag den Verletzungen, die er bei einem U-Bahn-Unglück in New York erlitten hatte.

Seit den Zeiten von Leutnant Pike und Enos Mills hat sich vieles geändert. Wo einst ein weites Grasland bis zum fernen Horizont reichte, breitet sich heute das flache Häusermeer Denvers und seiner Vorstädte immer weiter aus. Bis an den Fuß der Berge ist der Boden zu Gärten, Feldern und Weiden kultiviert, und selbst die Berge des Nationalparks sind weitgehend erschlossen – unter der Erde mit dem technischen Wunderwerk des Alva Adams Tunnels, durch den von Grand Lake auf der nassen Westseite der Rocky Mountains aus die Wasserversorgung Denvers sichergestellt wird; über der Erde durch die mehr als achtzig Kilometer lange Trail Ridge Road, die den Superlativ beansprucht, die höchste Teerstraße der Vereinigten Staaten zu sein. Sie folgt, in kühnen Windungen bis zu 3713 Metern aufsteigend, jenem Weg

über die Kammlinie, den wohl schon vor langer Zeit die Indianer genommen haben – die einzig verhältnismäßig leicht passierbare Stelle über die Colorado-Berge. Weit über drei Millionen Menschen besuchen jedes Jahr diesen Nationalpark, und auf der Trail Ridge Road werden an Sommertagen in der Stunde siebenhundert Autos gezählt – eine Karawane auf der Suche nach dem spektakulären Ausblick auf die Gipfel, ein »Stop-and-go« wie auf den Straßen einer Großstadt. Es gibt hier Skigebiete, 500 Kilometer Wanderwege, Fischgründe, organisierte Klettertouren und Lagerfeuerromantik, Rast- und Campingplätze. Alles zusammen bringt der empfindlichen Natur große Belastungen, vor allem der Region oberhalb der Baumgrenze – in der Hochgebirgstundra mit ihrer zarten arktischen Flora. Was hier zerstört wird, braucht vierhundert bis tausend Jahre, um sich neu zu entwickeln. Längst gibt es hier den Grizzly, den Wolf, den Vielfraß und den Luchs nicht mehr. Von den viertausend Dickhornschafen, die hier noch um die Jahrhundertwende gezählt wurden, ist ein kleiner Bestand von einigen hundert Tieren übriggeblieben. Nur die Hirsche haben sich so vermehrt, daß die Parkverwaltung jetzt daran denkt, Wölfe anzusiedeln, um das alte Gleichgewicht der Natur wieder herzustellen.

Doch bei allen Belastungen, denen der Rocky Mountain Nationalpark durch die Nähe der Großstadt besonders ausgesetzt ist, bleibt dennoch das faszinierende Erlebnis von Stille und Einsamkeit der Berge, der Anblick blumenüberfluteter Wiesen und in Eiszeitschüsseln schwimmender dunkelblauer Seen. Selbst die bekanntesten Pfade über die Berge, wie der Weg hinauf auf den Gipfel des Flattop Mountain und dann hinunter den Tonahutu Creek entlang – eine der schönsten Wanderungen über die Kontinentale Wasserscheide – oder der Ute Trail, den die Männer dieses Indianervolkes benutzten, wenn sie zur Büffeljagd hinunter in die Ebene zogen, werden im Vergleich zu den Menschenmengen, die sich an den Aussichtspunkten der Trail Ridge Road versammeln, nur von wenigen begangen. Sogar mitten im Sommer, wenn die Blaue Columbine tausendfach blüht, ist gleich neben der Straße im Kawuneeche-Tal, wo der Colorado seinen großen Lauf nach Westen beginnt, tiefer Frieden. Über den Ruinen von Lulu City, die von Schatzgräbern aufgebaut und schon nach drei Jahren wieder verlassen wurden, liegen die ruhigen Schatten der Vergangenheit, als gäbe es keine laute Welt. Es ist eine der seltsamsten Erfahrungen in diesen Bergen, wie nahe Lärm und Stille, Häßlichkeit und Schönheit beieinanderliegen.

Ich erinnere mich an einen jener heißen Sommertage, an denen sich gegen Mittag die Wolken zusammenballen und am Abend sich in schweren Gewittern entladen. Bevor das Rauschen der fallenden Wasser vom Grollen des Donners übertönt wurde und Blitze Leuchtfeuer auf die Felsen warfen, hatten am Glacier Creek zwei Biber eilig Zweige zusammengetragen und oben zwischen den Steinen Pfeifhasen kleine Heuhaufen aufgeschichtet, um sich vor dem nahenden Unwetter zu schützen. Ich erinnere mich an einen Tag im Frühjahr, als die berühmte Straße über die Berge noch wegen Schnees geschlossen war. Dies ist nicht die Saison der Autofahrer, und deswegen waren nur Menschen auf der Höhe, die mit ihren Skiern in den Wald liefen. An diesem Tag funkelten die Gipfel in einem gleißenden Licht, und auf den weißen Feldern war nichts außer der Spur eines Hirsches. Es sangen keine Vögel. An solchen Tagen beginnt man zu begreifen, wie jenen zumute war, die die Berge zum ersten Mal sahen als ein Ende der faßbaren Welt. An diesen Tagen scheint die Zeit stillzustehen, auch wenn sich tief unten in der Ebene aus der Dämmerung langsam das Lichtermeer von Denver ausbreitet als ein Zeichen, daß hier nichts so geblieben ist, wie es einmal war – dort, wo der Mensch seinen ganzen Einfluß aufgeboten hat, um die Erde zu unterwerfen. Diese Berge, die inneren Berge, die man suchen muß, sind eine kleine Zuflucht geblieben, auch wenn es zur Vergangenheit gehört, daß Old Man Gun, der große Krieger und Medizinmann der Arapahos, nachts auf den Longs Peak geklettert ist und mit seinen durch Zauberkraut geschützten Händen den Adler gefangen hat – lange bevor William M. Byers glaubte, nur Vögel könnten den Gipfel erreichen.

Grand Teton Nationalpark

Es liegt unendlich viel Land nach Norden zu. Es ist ein bewegungsloses, einsames Land, das von der Sonne zu einer braunen Graswüste ausgedörrt wird und aus dem manchmal nackte rote Steinhügel ragen. Auf dem Weg nach Norden durch die Prärie von Wyoming auf schnurgeraden Straßen ist die Continental Divide oft nur noch ein gebrochener Schatten am Horizont, ehe sie wieder näherrückt, Gipfel erkennen läßt, und sich hinter der Ebene zu einer Mauer zusammenballt – fast nicht zu durchdringen, bis auf einen schmalen Durchlaß am Togwottee-Paß. Dahinter senkt sich das Land wieder und wird sanft und eben bis zur Teton Range. Die Teton Range: Niemand, der dieses übergangslos aus dem Hochtal des Snake River aufsteigende Gebirge zum ersten Mal sieht, wird diesen Blick vergessen; die gezackten Gipfel mit ihren bis weit in den Sommer hinein leuchtenden Schneeflächen, die Eishaube des Grand Teton, die graue Masse Fels, an der sich die Wolken brechen. Es ist, als ertöne nach der langen Monotonie der Grasebene eine Fanfare, als wolle die Landschaft hier ihrer Eintönigkeit einen mächtigen Kontrapunkt entgegensetzen. 1835 schrieb der Missionar Reverend Samuel Parker: »Hier verbrachte ich viel Zeit, über die weit hingebreitete mannigfaltige Landschaft zu schauen, manchmal ergriffen von dem Erhabenen beim Anblick der aufgetürmten Berge ... Ich stieg zum Lager hinab, befriedigt über das, was ich von Gottes Werken gesehen hatte.«

Selbst heute, da es genügend Erklärungen für die bizarre Gestalt dieser Berge gibt, bleibt ein kleiner Rest an Geheimnis, warum sich gerade hier die Natur so merkwürdig zeigt. Entstanden an einer gewaltigen Bruchlinie der Erdkruste – ähnlich der unter der Sierra Nevada in Kalifornien –, sind in den Tetons ungeheure Vorgänge wie in einem Bilderbuch zu sehen. Als sich hier vor etwa zehn Millionen Jahren die Erde aufzuwerfen begann, wurden metamorphe Gneise und Schiefer sowie Granit immer weiter hinausgehoben. Was tief im Schoß der Erde verborgen lag, ist jetzt Oberfläche. Die Felsen der Gipfel sind beinahe dreihundert Mal älter als das junge Gebirge selbst; es ist sichtbar geworden, was zuerst entstanden ist, als der Feuerball erkaltete. Wer in die Berge eindringt, steigt über Brocken solchen Gesteins, von den Eiszeiten in die Tiefe geschwemmt, die das zerklüftete, zerrissene Antlitz der Tetons geschaffen haben. Bergsteiger berühren mit ihren Händen Jahrtausende. Jackson Hole, das weite Hochtal zu Füßen dieses Gebirges, durch das sich jetzt der Snake River windet, ist das Flußbett, durch das einst die Gletscher flossen, von denen nur einige kleine Reste übriggeblieben sind. Aus der Vogelperspektive ist noch deutlicher zu erkennen, was sich hier ereignet hat, daß nämlich die dramatische Schauseite der Tetons gewissermaßen die Kante einer riesigen, nach Westen zu in das Becken von Idaho abfallenden Tafel ist, emporgestemmt von einer unvorstellbaren Gewalt, die noch immer am Werk ist. Alle hundert Jahre wird sie um ein paar Zentimeter weiter nach oben gedrängt, eine lautlose Veränderung, von der niemand weiß, welche Folgen sie haben wird.

Nach einer alten indianischen Legende, die vom Volk der Athapaskas weitergetragen wurde, war Jackson Hole das Paradies. In ihr spiegelt sich die unvergleichliche Harmonie dieser Landschaft, der Reichtum an Tieren und Pflanzen und der Friede eines ehemals abgeschiedenen Stücks Erde. Denn wenn auch schon vor etwa achttausend Jahren – bewiesen durch Funde von Pfeilspitzen aus schwarzem Obsidian – Menschen hierhergekommen sind, die dem schmelzenden Eis gefolgt waren, blieben sie nur den Sommer über auf der Suche nach Beeren und Wurzeln. Genauso taten es später Apsarokes, Cheyenne, Crow, Blackfeet, Gros Ventre und vor allem Bannocks und Schoschonen, die hier jagten und im Herbst in das Yellowstone-Gebiet zogen, wo sie in den undurchdringlichen Wäldern untertauchten. Bis in das späte 19. Jahrhundert gelang es ihnen so, ein heimliches Leben zu führen und sich dem Zivilisationsdruck aus dem Osten zu entziehen. Doch auch dieses Paradies fand sein Ende.

Als die Eroberung des Westens mit der ersten Expedition von Meriwether Lewis und William Clark im Jahre 1804 begann, gehörte zu den Trappern, die sich mit auf die Suche nach einem schiffbaren Weg zum Pazifik gemacht hatten, auch John Colter, einer der von ungezählten Legenden umwobenen Männer der Pionierzeit. Colter trennte sich auf dem Rückweg von der Expedition und durchstreifte allein das unbekannte Land. Dieser Mann, von dem keine schriftlichen Zeugnisse überliefert sind, brachte wundersame Geschichten mit nach Osten zurück: von einem gläsernen Berg, von kochenden Wassern und von abenteuerlichen Kämpfen mit Indianern – unglaubliche Geschichten, die aber dennoch an allen Lagerfeuern erzählt wurden und die Fantasie bewegten. Bis sie nach St. Louis, der letzten Stadt vor der unbekannten Unendlichkeit, drangen, waren sie schon zu Märchen geworden. Colter muß der erste weiße Mann gewesen sein, der nach der Durchquerung des Yellowstone das Teton-Gebirge gesehen hat, und er muß es auf seinen Irrwegen mehrmals auf alten Indianerpfaden überquert haben. Im Winter 1807/1808 jedenfalls ging er hier im Teton-Yellowstone-Gebiet im Auftrag der Missouri Fur Company, die weiter unten am Yellowstone River in Montana eine Handelsstation errichtet hatte, auf Pelztierjagd und sollte mit den Indianern Tauschhandel betreiben. Einige Jahre später, so wird berichtet, sollen er und ein Begleiter von Blackfeet-Indianern gefangen worden sein; sein Begleiter wurde getötet, Colter zum Spießrutenlaufen durch eine Gasse von Kriegern verurteilt. Doch es gelang ihm zu entkommen. Nackt wie er war, sprang er in einen Fluß und ließ sich davontreiben. Mehrere glühend heiße Tage und eiskalte Nächte lang kämpfte er sich durch Stromschnellen und Wälder, bis er endlich das Manuel's Fort am Zufluß des Bighorn River in den unteren Yellostone erreichte – eine übermenschliche Leistung, wenn sie wahr ist.

Colters Spuren folgten andere Mountain Men wie William Soublette, David Jackson, Jim Bridger, Kit Carson und Jedediah Smith, Namen, die man im Osten nur mit ehrfürchtigem Schauder nannte und die zu Trägern eines Frontier-Mythos wurden, der die ganze Geschichte der Erschließung des Westens prägt. Dennoch blieb es im Jackson Hole, sieht man von einem kurzen Goldfieber ab, eher ruhig, vor allem als die vorher so begehrten Pelze im Osten nicht mehr gefragt waren. Erst 1884 kam mit John Holland der erste Siedler hierher, dem wenige Jahre später einige Mormonenfamilien folgten. 1892 richtete Bill Menor eine Handels- und Fährstation am Snake River ein. Die Trapper hatten den Fluß »Mad River« genannt, den verrückten Fluß, der im Frühjahr nach der Schneeschmelze zu einem reißenden, unbezwingbaren Gewässer wurde, durchsetzt mit tückischen Stromschnellen.

Wie in jener wilden gesetzlosen Zeit üblich, gab es auch in dem ehemaligen Paradies Jackson Hole blutige Auseinandersetzungen zwischen Viehzüchtern und Farmern, und der Colt saß locker. Es wurden zwei Pferdediebe und ein Indianer, der aus dem Gefäng-

nis ausbrechen wollte, erschossen. Ein Goldsucher ermordete seine drei Partner.

Dies alles geschah, als nicht weit entfernt das Yellowstone-Gebiet schon zum Nationalpark erklärt war. Noch heute ist unbegreiflich, warum damals nicht auch die Teton-Berge in das Projekt einbezogen wurden. Wahrscheinlich aber war die Faszination der »aktiven« Wunder im Yellowstone so stark, daß stille Berge weniger Aufsehen erregten. Erst gut ein halbes Jahrhundert später keimte auch hier der Gedanke, die Tetons zu einem Nationalpark zu machen. Horace M. Albright, damals Superintendent im Yellowstone, zeigte 1926 John D. Rockefeller jr. diese Berge, und dieser, begeistert von einer solch großartigen Landschaft, begann heimlich Land aufzukaufen, das in einen möglichen Nationalpark eingebracht und der amerikanischen Nation geschenkt werden sollte. Im Jahre 1929 gelang es immerhin schon, die östliche Seite der Bergkette sowie die Jenny- und Leigh-Seen zu ihren Füßen unter Schutz zu stellen. Als dann aber Rockefellers Landkäufe – nach und nach summierten sich diese zu über 13 000 Hektar – bekannt wurden, empörten sich die eingesessenen Bewohner des Tals und wehrten sich mit allen Kräften gegen den Einfluß eines »Fremden«. Jackson Hole hatte sich inzwischen in ein landwirtschaftlich intensiv genutztes Gebiet verwandelt. Schon 1916 war am Austritt des Snake River aus dem Jackson Lake ein Damm gebaut worden, um hier im Verlauf des oberen Snake Beckens die im Sommer notwendige Bewässerung zu sichern und gleichzeitig die Niederungen entlang dem gesamten Snake River – der bei Pasco im Staate Washington in den Columbia mündet – vor verheerenden Frühjahrsüberschwemmungen zu schützen. Die Viehzüchter, die seit Jahrzehnten das Land umzäunt und urbar gemacht hatten, fürchteten nun, ihre angestammten Rechte zu verlieren. Der nun folgende Kleinkrieg, der auch den amerikanischen Kongreß beschäftigte, dauerte unerträglich lange, und erst als Rockefeller sein wenig willkommenes Geschenk wieder zurücknehmen wollte und drohte, das Land zu verkaufen, erklärte Präsident Franklin D. Roosevelt im Jahre 1943 diesen Teil des Jackson Hole zum bundesstaatlichen Schutzgebiet. Es vergingen noch einmal sieben Jahre, ehe es dem Nationalpark zugeschlagen wurde. Erst 1972 erfuhr die großzügige Geste Rockefellers öffentliche Anerkennung, indem entlang dem Snake River der 132 Kilometer lange Rockefeller Parkway als Durchgangsstraße etabliert wurde, auf dem heute allsommerlich Tausende von Autos verkehren – wie auf einer Tribüne vor der gewaltigen Kulisse der Tetons.

Dieser Nationalpark war nicht nur das ungeliebteste und umstrittendste Projekt seiner Art in den Vereinigten Staaten – was unter anderem darin deutlich wurde, daß der Kongreß lange Zeit einfach keine Mittel für seine Pflege bewilligte –, es mußten hier auch die meisten Kompromisse geschlossen werden. Weite Teile im Süden des Parks sind kultiviertes, genutztes Land; der wilde Snake River ist über viele Kilometer ein eingemauertes, träge dahinfließendes Wasser geworden; das starke Wachstum des Städtchens Jackson als Fremdenverkehrszentrum mit großen Skigebieten auf den naheliegenden Bergen, der Bau eines Flugplatzes unmittelbar an der Parkgrenze, die Beibehaltung der alten Jagdrechte – dies alles macht Naturschutz in dieser Gegend zu einer schwierigen Aufgabe. Dennoch scheint gerade der Grand Teton Nationalpark ein gutes Beispiel für die Koexistenz zweier auf den ersten Blick unverträglicher Systeme zu sein – des menschlichen mit seinem steten Drang zur Veränderung und des natürlichen, das seine Überlebensfähigkeit aus der Beharrung zieht. Ein exemplarischer Fall dafür ist die bereits 1912 auf Betreiben der umliegenden Viehzüchter eingerichtete National Elk Refuge, in der sich jeden Spätherbst Abertausende Hirsche versammeln, die aus Mangel an Nahrung in der freien Natur nicht überwintern können. Es ist ein grandioses Schauspiel – und somit auch eine Touristenattraktion geworden –, wenn die Tiere bis zum Bauch im Schnee waten oder sich in unübersehbaren Herden an den vom U.S. Fish and Wildlife Service eingerichteten Futterplätzen sammeln. Hier greift der Mensch sinnvoll ein, das auszugleichen, was er der Natur an Lebensraum genommen hat.

Daß im Grand Teton Nationalpark Veränderung nicht den vollkommenen Verlust des ursprünglichen Zustands bedeutet, mag daran liegen, daß diese Berge eine Kraft ausstrahlen, die den Menschen auf eigenartige Weise ergreift, selbst wenn er sie nur – und das trifft für die meisten Besucher zu – als fernes, entrücktes Panorama sieht. Abgesehen von dem breiten Band des Rockefeller Parkway, der von Jackson bis zum Südeingang des Yellowstone Nationalparks einen großen Blick auf die Teton-Gipfel und ihre Spiegelbilder in den Seen vom Autofenster aus bietet, den jedes Jahr beinahe vier Millionen Menschen genießen, und abgesehen von den höchst komfortablen Hotels innerhalb des Parks, ist hier ein fast lautloses, wildes Land, das immer wieder die Fähigkeit der Empfindung auf die Probe stellt und alle Sinne herausfordert, um es zu erkennen, erhalten geblieben. Dies gilt für den Bergsteiger, der sich mühsam und über gefährliche Grate und Zinnen auf den Gipfel des Grand Teton kämpft und dem als Lohn ein fast kosmisches Erlebnis zwischen Himmel und Erde zuteil wird. Müßig wird da der Streit, ob diesen Berg James Stevenson und Nathaniel Langford am 29. Juli 1872 zuerst bestiegen haben, oder ob ihn erst am 10. August 1898 William O. Owen bezwang. – Dies gilt auch für den Wanderer, der in den düsteren Death Canyon eindringt oder der durch den Cascade Canyon zum geheimnisvoll schweigenden Lake Solitude aufsteigt oder auf einem schmalen Pfad den Windungen des Snake River folgt und den Schrei des Fischadlers hört. Alle Wege durch diesen Park, auch die bequemen, und selbst die gut organisierten Reitausflüge und Schlauchbootfahrten auf dem Fluß zwingen zum Erstaunen über diese stille Gegenwelt: Während in der Saison jeden Abend in Jackson der Wilde Westen mit Shoot-out und dem Melodrama vom »Trunkenen Cowboy« im Theater »Zum rosaroten Strumpfband« inszeniert wird oder in den Saloons sich jedermann animiert fühlt, die Rolle eines Cowboys zu spielen, ist da draußen etwas von der Zeit gerettet, in der sich der Wilde Westen selbst gehörte – durch das leuchtende Gelb der Schwefelblume und das glühende Rot der Indian paintbrush, das heimliche Leben des Otters und den Flügelschlag der kanadischen Gänse, durch den Brunftschrei des Hirsches und den Sturzflug des Steinadlers.

Hugh Crandall, einer der Biographen des Parks, hat jene eigene Faszination dieser Berge so erklärt: »Das Tal der Tetons ist ein Land, dessen eigentliches Wesen die Berge sind. Niemand, der zwischen den Spitzen der Teton Range hindurchgewandert ist, der ihre Gipfel aus dem Morgennebel hat steigen oder sie geheimnisvoll gegen den Abendhimmel hat ragen sehen, kann jemals den Zauber zeitloser Majestät vergessen, den diese zerklüfteten Berge hervorrufen.« Es gibt keinen schöneren Platz, an dem sich solche Worte bestätigen, als die 1925 von frommen

Farmern gebaute Chapel of the Transfiguration. In dieser kleinen, aus Holz gebauten Kirche ist die ganze Altarwand aus Glas, die den Blick freigibt auf ein gewaltiges Fels-Tryptichon mit dem Eisturm des Grand Teton in der Mitte; bevor die Nacht hereinbricht, leuchtet es manchmal in einem überirdischen Licht.

Yellowstone Nationalpark

Der erste und älteste der Welt, der berühmteste und beliebteste, der wildreichste, der Ort, an dem das Erdinnere nach außen gekehrt wird, und lange Zeit der größte, ehe ihm der Wrangell-St. Elias Nationalpark in Alaska diesen Rang abgelaufen hat – das sind Superlative, die den Yellowstone Nationalpark länger als ein Jahrhundert in das amerikanische Bewußtsein als ein Beispiel für reine Natur und als ein Wunderland ohnegleichen eingeprägt und zu einem Synonym für »erfahrbare« Wildnis gemacht haben. Fast genau 9 000 Quadratkilometer geschütztes Land, mehr als die gesamte Fläche Puerto Ricos oder der Mittelmeerinsel Korsika, schienen Garantie dafür zu sein, daß sich hier die Vorstellung von einer unberührten »edlen« Wildheit, die im 19. Jahrhundert die Öffentlichkeit erregte, verwirklichen ließe und mitten in der zivilisierten Welt ein Eiland als Abglanz des verlorenen Garten Eden erhalten werden könne. Heute, da diesen Park 480 Kilometer Teerstraßen und 1 600 Kilometer Wanderpfade durchziehen, an seinen Rändern lebhafte und manchmal wild wuchernde unansehnliche Feriensiedlungen entstanden sind, im Park selbst sowohl Hotels und Motels als auch ein gutes Dutzend Campgrounds zu finden sind, in denen im Sommer um Betten und Plätze gekämpft werden muß, und sich jedes Jahr mehrere Millionen Menschen – in fast ebenso vielen Autos – zu den gut markierten und nur wenige Schritte Fußweges fordernden Sehenswürdigkeiten drängen, weiß man, daß der in guter Absicht geschlossene Pakt zwischen Mensch und Natur keinen dauernden Frieden bedeutet, sondern vielmehr fortwährende Auseinandersetzungen, durch die dem schwächeren Partner Natur immer wieder ein Nachgeben abgezwungen wird. Deswegen ist der Yellowstone Nationalpark nicht nur ein Modell für einen zu der Zeit seiner Gründung ungewöhnlichen Sieg des idealistischen Gefühls über das Zweckdenken, sondern auch ein exemplarischer Fall für das Verhältnis zwischen Mensch und Natur – mit all jenen zeitlich bedingten Wandlungen, in denen sich auch die Veränderungen in der amerikanischen Gesellschaft widerspiegeln.

Als an dem legendären Lagerfeuer, von dem hier schon die Rede war, der Gedanke aufkam, dieses Land zu schützen, wußte man fast nichts über ökologische Zusammenhänge. Was eine unzeitgemäße Idee auslöste, war allein die Ergriffenheit von nie zuvor gesehenen Wundern der Natur, die nicht einzelnen überlassen, sondern gemeinsamer nationaler Besitz werden sollten. Erst sehr viel später wuchs die Erkenntnis, daß es nicht genügte, ein von privaten Interessen freigehaltenes Reservat zu schaffen und Natur zu einer jedermann zugänglichen Attraktion zu machen, sondern daß damit eine gesellschaftliche Verantwortung verbunden ist. Es hat beinahe hundert Jahre gedauert, ehe diese Verantwortung restlos begriffen wurde und das Konzept, hier einen »pleasuring ground for the benefit and enjoyment of the people« zu schaffen, so verstanden wurde, daß ein Naturpark kein unerschöpfliches Reservoir des Vergnügens ist, sondern ein empfindliches Gebilde, das nur dann Menschen erträgt, wenn sie gelernt haben, damit pfleglich umzugehen. Bis es soweit gekommen ist, wurde dieses Land schwer verwundet, Generationen haben es gestaltet und verändert, haben Schaden angerichtet und nach besten Kräften wieder repariert – mit dem Ergebnis, daß der Yellowstone Park bis tief in die Wälder hinein zu einer organisierten, verwalteten Wildnis geworden ist, der nur ein strenges Reglement das Überleben sichert. Doch trotz so vieler – notwendiger – künstlicher Eingriffe bietet dieser mit Abstand beliebteste Nationalpark der Vereinigten Staaten ein außerordentliches Naturerlebnis. Nicht nur, weil hier wie nirgendwo sonst auf der Welt tief im Erdinnern ablaufende Vorgänge auf spektakuläre Weise sichtbar werden durch über zehntausend Geysire, kochende Quellen, brodelnde Schlammlöcher, weiße Fumarolen und infernalischen Geruch, der Yellowstone River in einem grandiosen Fall 94 Meter in die Tiefe stürzt, hier fünfundzwanzigtausend Wapiti-Hirsche, zweitausend Büffel, eintausend Elche, einige hundert Bären und sehr seltene Vogelarten wie der Trompeterschwan und der weiße Nashornpelikan leben, sondern weil auch für jene Besucher, die Augen haben zu sehen, der Mikrokosmos des Waldes, des Flusses und der Bergwiese erlebt werden kann – im sogenannten Backcountry, das sich in einer immensen Weite hinter den großen Sehenswürdigkeiten öffnet – zugänglich freilich nur für jene, die sich der Mühsal eines Fußmarsches, eines schweren Rucksacks und einer kalten Nacht mit einer unbekannten Geräuschkulisse aussetzen. Was für alle Nationalparks gilt, trifft auch für den Yellowstone zu: Selbst dort, wo man sich im Juli und August in die Menschenschlange einreihen muß, herrscht außerhalb der Saison ein immer wieder überraschender Friede und manchmal scheint es sogar, als fiele dieses Land dann in jene Zeit zurück, in der es noch weitgehend unberührt war – im Frühjahr zum Beispiel, wenn viele Straßen durch den Park geschlossen sind und Eis und Schnee die großen Geysirbecken in bizarre Landschaften verwandelt haben, oder im Herbst, wenn das Laub in starken Farben leuchtet. Zu diesen Zeiten sind auch die Tiere ohne Furcht, als sei in ihnen die Erinnerung an die Vergangenheit, in der das Yellowstone-Gebiet nur im Sommer von Jägern durchstreift wurde, erwacht; still und in sich gekehrt wurde es, wenn der erste eiskalte Wind Schneewolken über die Berge trieb. Denn auch dieses hohe Plateau, das ringsum von zackigen Gipfeln eingerahmt ist, war für die frühen Jäger und Sammler zu unwirtlich, um auf Dauer hier leben zu können. Auch später, als die Crows, die Blackfeet, Schoschonen und Bannock-Indianer schon Pferde besaßen, war dieses Land nur Durchzugsgebiet auf dem Weg in die östliche Ebene zur Büffeljagd; bis zum Ende des 19. Jahrhunderts wurde noch der in Spuren erhaltene sogenannte Bannock Indian Trail im nördlichen Yellowstone benutzt – über die Continental Divide hinweg, die hier ein großes Tor in der Kette der Rocky Mountains ist. Nur die Tukudikas, ein Teilstamm des Schoschonenvolkes, lebte in halb in die Erde gebauten Hütten das ganze Jahr über im Yellowstone. Die ersten Trapper, die hierher kamen, nannten sie Sheepeater, Schafesser, weil sie sich vom Fleisch des heute längst nicht mehr so zahlreichen Dickhornschafs ernährten. Sie trieben aber auch Tauschhandel mit Obsidian, einem dunkel glänzenden, jungen Vulkanitgestein aus dem besagten »gläsernen Berg« im Yellowstone, dessen Wege bis nach Ohio hin zu verfolgen sind. Diese Indianer, friedliebend und fast furchtsam, entsprachen nicht dem Bild der kühnen, kriegerischen Wilden Nordamerikas. Sie besaßen keine Pferde und benutzten nicht die Feuerwaffen der Weißen, sondern zogen sich vor der eindringenden Zivilisation immer tiefer in die Wälder zurück, bis auch sie um 1880 zum Übersiedeln in die Wind River Reservation weit im Südosten des Yellowstone gezwungen wurden.

Es ist zu vermuten, daß die Indianer die Naturwunder, die den weißen Mann so ergriffen machten, gemieden haben als Orte, an denen böse Geister ihr Unwe-

sen trieben. Unbegreiflich müssen ihnen diese seltsamen Vorgänge gewesen sein, zu groß war wohl auch die Angst, daß sich das Gurgeln und Röcheln der Erde in Explosionen verwandeln und die unruhigen Mächte unter der dünnen Kruste aus Stein verderbenbringend hervorbrechen könnten. Es waren mythische Orte, die nur scheues Staunen, aber keine Nähe erlaubten – den Tieren vorbehalten, die im Winter nach Wärme suchten.

Entstanden ist diese Landschaft, für die es Vergleichbares nur noch auf Island und Neuseeland gibt, durch Vulkanismus, den gewaltsamsten Veränderungen der Erdengestalt. An manchen Stellen im Yellowstone sind noch Felsbrocken zu finden, die in die Zeit davor zurückweisen. Sie sind Reste jener Urberge, die vor etwa 2 500 Millionen Jahren entstanden sind und durch Erosion zu einer Ebene abgeschliffen wurden, von Meeren überspült, die stetig kamen und gingen. Als sich das Land abermals zu heben begann, wurde dieser Prozeß von ungeheuren Vulkanausbrüchen begleitet, vor allem dort, wo sich heute die Kette der Absaroka-Berge erstreckt. Doch auch diese Gipfel wurden durch Wind und Wetter zu Buckeln geglättet, bis die Zeiten begannen, in denen weite Teile Nordamerikas unter einer dicken Eisschicht erstarrten.

In einer der Zwischeneiszeiten rührte sich die Erde wieder. Durch einen Feuersturm aus glühendem Gestein und heißen Gasen wurde alles Leben plötzlich vernichtet. Eine Erinnerung daran ist der versteinerte Wald in der Specimen Ridge im Nordosten des Parks – ein 45 Millionen Jahre altes Bilderbuch der Erdgeschichte. Durch das ausfließende Magma entstand ein riesiger Hohlraum, nur von einer dünnen Steinkrume bedeckt, die schließlich einbrach und einen von Geologen Caldera genannten Krater bildete – ein Vorgang, der sich jederzeit wiederholen kann, denn man weiß, daß es im Yellowstone mehrere dieser Hohlräume unter schwankendem Boden gibt. Dieser Krater war eine 48 mal 64 Kilometer große Wunde in der Haut der Erde, die nur langsam vernarbte. An ihren Rändern floß immer wieder Lava aus, die zu dem eigenartig gefärbten Stein erkaltete, der dem Yellowstone-Gebiet seinen Namen gegeben hat, zu dem gelblich-braunen, manchmal rosa schimmernden, in der Sonne leuchtenden Rhyolith. Französische Trapper nannten ihn Roches Jaunes. Es ist ein schmiegsamer, weicher Stein, der der Gewalt des Windes und des Wassers nicht widersteht und sich in Jahrhunderten zu zerrissenen Mauern und Schluchten formen ließ – am eindringlichsten sichtbar in dem vom Yellowstone River gegrabenen Grand Canyon, wo der Fluß tosend in die Tiefe stürzt und sich die Sonne in den hoch aufspritzenden Wassertropfen der Stromschnellen als Regenbogen spiegelt.

Diese Magma-Kammer unter dem Boden des Yellowstone Parks, vergleichbar einem riesigen Topf mit kochendem Inhalt, der nur mit einem dünnen Deckel zugedeckt ist, ist die treibende Kraft, durch die alle hydrothermischen Phänomene, die hier auf so eindrucksvolle Weise zu erkennen sind, in Bewegung gesetzt werden: die hoch emporsteigenden Wassersäulen, die heißen Rinnsale, die höllisch riechenden Rauchfahnen und die dumpf blubbernden Schlammteiche. Denn wo immer Wasser durch die porösen Gesteinsschichten dringt und durch enorme Hitze und hohen Druck extreme Siedetemperaturen erreicht, wird es wieder ausgespien: als Geysire dort, wo es durch schmale Kamine nach oben gepreßt wird, und als sanft rieselnder Quell da, wo sich der Boden weiter öffnet. Mit ausgeschwemmt werden Gesteinspartikel, die sich an der Oberfläche wieder zu wunderlichen Formen zusammenfügen: um die natürlichen Springbrunnen zu kleinen Grotten und Domen aus Sinter oder zu den fantastischen Travertin-Treppen der Mammoth Hot Springs, die in herrlichen mineralischen Farben leuchten. Es ist eine seltsame, fabelhafte Welt, die dem Besucher hier entgegentritt. Nicht nur, daß er die Glut des Erdballs fühlen kann, wenn er mit den Händen den Boden berührt, sondern er sieht auch einen vagen Abglanz jenes Infernos, aus dem sich unsere Erde entwickelt hat. Er sieht den Ursprung des Lebens an den Rändern der heißen Quellen, an denen sich Bakterien und Algen zu giftig grünen, gelben und rötlichen Kolonien versammeln.

Auch führt mitten durch den Yellowstone ein aktives Verwerfungssystem, das sich in gelegentlichen Erdstößen äußert, ja sogar in Form von Erdbeben wie solchen von 1959 (7,1 auf der Richterskala), 1975 und 1983. Diese beeinflussen die hydrothermischen Strukturen in beachtlichem Maße: Es entstehen neue Risse und Spalten, bestehende Quellen werden verschüttet, versiegte Geysire plötzlich wieder aktiv.

Wer heute dieses absonderliche, archaische Land sieht, das dampft, raucht und zuweilen bebt, der begreift, daß die ersten Nachrichten von den Wundern des Yellowstone nur für Hirngespinste, Fantastereien und Lügengeschichten gehalten werden mußten. Es war zu unglaublich, was John Colter, jener erste Weiße, der seinen Fuß auf den Boden des Yellowstone gesetzt hat, erzählte. Genauso mag man in einer Zeit, in der sich die Gerüchte über den Wilden Westen überschlugen und Geschäftemacher Menschen mit wüsten Versprechungen in die Wildnis zu locken versuchten, der ersten Beschreibung kochender Quellen durch Daniel T. Potts im Jahre 1827 nicht getraut haben – wie all dem anderen, was Trapper an Sensationen in die Zivilisation zurückbrachten: Joe Meek fühlte sich angesichts der Geysire und Rauchsäulen an den Anblick der Industriestadt Pittsburgh an einem Wintermorgen erinnert; Osborne Russell berichtete, daß er Fleisch in einem natürlichen Kochtopf gegart habe, und der Jesuit Pierre-Jean DeSmet erkannte hier, an dem »wunderbarsten Flecken Erde der nördlichen Hälfte des Kontinents«, die Hölle wieder, von der er den Indianern predigte. Es wird so gewesen sein, daß man im Osten alle diese Berichte mit Skepsis hörte und höchstens ahnte, daß in den Wäldern dieses fernen, immer noch kaum entdeckten Landes Außerordentliches verborgen war, das der Anschauung der Erde eine neue Dimension geben würde. Aber noch war die Zeit nicht reif, um die Tragweite dessen zu verstehen, was hier die Natur auf so wunderbare Weise offenbarte. Noch war hier eine rauhe Wirklichkeit, der nicht der Sinn nach unnützer Schönheit stand, stärker: zuerst der erbitterte, nach den Spielregeln der Wildnis ausgetragene Konkurrenzkampf zwischen der Missouri Fur Company und der Hudson's Bay Company aus Montreal und dann der Lockruf des Goldes. Die bunt zusammengewürfelten Horden, die durch das heutige Parkgebiet zu den Bonanzas am Salmon River in Idaho und nach Montana zogen, gruben auch hier, wurden aber nicht fündig. Übriggeblieben ist aus jener wildbewegten Zeit einzig das Städtchen Cooke City am Nordostausgang des Parks, für eine Weile Station der Schatzsucher und Glücksritter.

Die systematische Erforschung des Yellowstone begann erst nach dem Ende des Bürgerkrieges. Nathaniel P. Langford, ein angesehener Bürger des jungen Staates Montana, war der erste, der eine Expedition plante. Letzten Endes aber blieben nur drei Männer, nämlich David E. Folsom, Charles W. Cook und William Peterson, übrig, die mutig genug waren, sich den ungewissen Gefahren auszusetzen, die durch Indianer, wilde Tiere und eine unbarmherzige Natur drohten. Diese drei Männer bestätigten die Erzählungen der Trapper: Auch sie hatten die Erde rauchen und das Wasser kochen sehen. Charles W. Cook soll es gewesen sein, der damals schon den Gedanken aussprach, in diesem Land ein freies Reisen zu ermöglichen. Was sie nach ihrer Rückkehr berichteten, gab den Anstoß zu der schon erwähnten zweiten Expedition unter General Henry D. Washburn aus Montana, an der nun auch Nathaniel Langford teilnahm. Als er den Grand Canyon of the Yellowstone sah, in dem das Wasser von einer größeren Höhe herabstürzt als an den Niagara-Fällen, schrieb er in sein Tagebuch: »Ich spürte meine eigene Kleinheit, meine Hilflosigkeit, meine Angst, zermalmt zu werden, meine Unfähigkeit, dies ganz zu begreifen oder auch nur die ungeheure Architektur der Natur zu verstehen.« Während dieser Expedition entstand der Nationalpark-Plan, und die jetzigen Nachrichten sorgten dafür, daß man bald darauf auch im Osten die als unglaubwürdig eingestuften früheren Berichte ernst nahm. Mit diesem Sinneswandel wurde 1871 eine dritte, mit 40 000 Dollar ausgestattete Forschungsreise unter Ferdinand Vandiveer Hayden genehmigt, den außer Geologen und Landvermessern auch der Maler Thomas Moran und der Fotograf William H. Jackson begleiteten. Durch sie erhielten die Geschichten über die Wunder dieser Landschaft eine neue, greifbare Realität. Ein Jahr später wurde das Yellowstone-Gebiet zum Nationalpark erklärt und Langford zum ersten Verwalter des Parks berufen.

Mitgerissen von Bildern in starken Farben und von schwärzlichen Kopien dieser Kuriositäten der Natur, eilten Hunderte, Tausende nach Westen, um die Originale zu sehen – mit jener besitzergreifenden Mentalität und Achtlosigkeit der Natur gegenüber, die die Existenz des Parks gefährdete, kaum daß er gegründet war. Im Jahre 1880 waren es in einem Sommer schon zweitausend – Touristen, Wilderer und Wegelagerer –, gemessen daran, daß zwischen St. Louis und dem Yellowstone dreitausend Kilometer fast weglosen Landes lagen, eine ungeheuerliche Zahl. Langford, ebenso wie seine Nachfolger P. W. Norris

und James C. McCartney, weder mit Geld noch weitreichenden Befugnissen ausgestattet, standen diesem Ansturm hilflos gegenüber und gaben ihre Ämter nach jeweils wenigen Jahren resigniert auf, währenddessen der Nationalpark immer mehr zum Schauplatz eines rohen und brutalen Zugriffs wurde als Spiegelbild einer ebenso rohen und brutalen Zeit.

Als im Sommer 1877 die Nez-Percé-Indianer unter ihrem Häuptling Chief Joseph auf der Flucht vor der amerikanischen Kavallerie, und die Deportation in ein Reservat vor Augen, durch den Park zogen und verzweifelt versuchten, das Land der Crow jenseits der Berge zu erreichen, um von dort aus ins gerade entstandene Kanada – wo es keine Reservationen gab – zu entfliehen, töteten sie unterwegs einzelne Prospektoren, nahmen Touristen gefangen und zwangen den Goldsucher John Shively, ihnen den Weg in die Ebene zu zeigen. Diese Vorfälle waren Grund genug, das Parkgebiet gänzlich von Indianern zu »säubern« und die letzten Tukudikas und Bannocks in Reservationen zu verbannen.

Dennoch war der Park danach nicht sicher. Sogenannte Mountain ramblers, die sich anboten, Besucher heil durch die Wälder zu führen und vor wilden Tieren zu beschützen, raubten immer wieder Reisende aus dem Osten aus. Noch 1914 trieb hier der »Mann mit dem schwarzen Taschentuch« sein Unwesen, ein maskierter Räuber, der fünfzehn Kutschen ausgeplündert hatte, ehe er spurlos verschwand. Dies geschah trotz der Soldaten, die schon 1883 einen 145 Meilen langen Rundweg gebaut und 1886 die Verwaltung des Parks übernommen hatten, um Recht und Ordnung zu garantieren. Inzwischen hatte sich die Zivilisation in der Wildnis fest eingenistet: 1880 war Marshall's Hotel am Lower Geyser Basin gebaut worden, die Northern Pacific Railroad hatte den Schienenweg bis Gardiner vorangetrieben, 1896 erhielt W. W. Wylie aus Bozeman die Genehmigung, Campingplätze einzurichten, und als in Amerika das Auto seinen Siegeszug anzutreten begann, ersetzte es schnell die vorher verwendeten Kutschen. Schon 1916, als der neugeschaffene National Park Service die Verwaltung des Parks übernommen hatte, kamen fast 4 000 Touristen, gut die Hälfte mit dem eigenen Auto, in den Yellowstone, der auch danach für lange Zeit noch Spielfeld unterschiedlicher menschlicher Interessen blieb.

Im Jahre 1906 war vom Kongreß beschlossen worden, daß im Gebiet des Parks nur »gefährliche« Tiere getötet werden dürften, was zur Folge hatte, daß in kürzester Zeit Wölfe und Silberlöwen ausgerottet waren und innerhalb weniger Jahre viertausend Coyoten abgeschossen wurden. Es fehlte auch nicht an abenteuerlichen Plänen, den Park noch bequemer herzurichten: Durch eine Eisenbahnlinie quer durch die Geysir-Becken zum Beispiel und einen Lift zum Grunde des Grand Canyon, oder durch Dammbauten den Park wirtschaftlich nutzbar zu machen. Erst vor wenigen Jahren scheiterten Versuche, in der Randzone des Parks nach Öl zu bohren, an einem Proteststurm von Naturfreunden. Es war lange Zeit auch üblich, in den Thermalbecken Wäsche zu waschen, wozu in die Geysire Seifenpulver geschüttet wurde. Anfang der siebziger Jahre schließlich wurde einem anderen Spektakel ein Ende gemacht, nämlich im Licht von Scheinwerfern zur Abendunterhaltung der Touristen Bären mit Küchenabfällen zu füttern.

Es ist erst einer starken Bewegung in jüngster Zeit zu verdanken, daß heute für den Yellostone eine neue Ordnung gilt, durch die Versäumnisse der Vergangenheit langsam ausgeglichen werden können: Nicht mehr die Forderungen der Menschen und ihre Lust an der Attraktion haben Vorrang, sondern der Schutz der Natur, der zu einem dringlichen Anliegen geworden ist. Denn auch hier hat der Wald auf dramatische Weise zu sterben begonnen, und es werden Bedrohungen sichtbar, die zeigen, daß selbst ein so großes Reservat nicht unberührt von dem bleibt, was in seiner Umwelt vorgeht. Der begonnene Bewußtseinswandel wird freilich wenig daran ändern, daß die Anziehungskraft dieses Parks gleichzeitig die größte Belastung für ihn ist, vor allem, seit immer mehr Menschen hier ihre Sehnsucht nach der direkten Berührung mit der Natur stillen – mit einer Nacht zwischen den hohen Stämmen der Lodgepole Pine, auf einem einsamen Weg über blühende Bergwiesen, in einem Lager am Fluß oder auf dem Ritt durch endlose Wälder. Dies geschieht aus der Empfindung, daß der Yellowstone Park nur dem alle seine Wunder enthüllt, der sich ihm aussetzt und ihn bis auf die Haut spüren möchte. Tatsächlich sind die großen Sehenswürdigkeiten wie der weltberühmte Geysir Old Faithful, der seit Jahrhunderten mit kleinen Abweichungen regelmäßig seine heiße Fontäne bis zu 40 Metern aufsteigen läßt, die bunten Steingärten der Mammoth Hot Springs oder der Inspiration Point hoch über dem Grand Canyon of the Yellowstone nur der offensichtlichste Ausdruck unzähliger heimlicher Schönheiten. Doch der Freiheit, diese zu entdecken, sind enge Grenzen gesetzt, seit man weiß, daß die Natur nicht annähernd so robust ist, wie man geglaubt hat. Dennoch ermöglicht dieser Nationalpark auch dem Besucher, der nichts anderes sucht als die bekannten Attraktionen, einen tiefen Blick in die Wunder der Natur, ja er ist sogar fast zu einer Schule der Nation geworden, in der viele zum ersten Mal den frei strömenden Fluß, die wild blühende Blume und den ungezähmten wandernden Büffel sehen. Und auf allen Wegen durch den Yellowstone prägen sich neue Erfahrungen ein: der überwältigende Anblick der über den Baumspitzen aufsteigenden, weiß glänzenden Absaroka-Berge, die Kraft eines im Moor watenden Elchs, die Heiterkeit spielender Streifenhörnchen oder das geheimnisvolle Leben, das in dem Farbenspiel der Felsen steckt.

Glacier und Waterton Lakes Nationalparks

Als Gott Na'pa die Welt erschaffen hatte, stieg er von einem dieser Gipfel wieder in den Himmel zurück, der hier so nahe ist. So wird es in einer Legende der Indianer erzählt. Es ist nicht verwunderlich, daß sich an diesen Bergen, die von weitem gesehen wie ein zakkiges Riff über den wogenden Hügeln Montanas stehen, die Fantasie entzündet und sie die Einbildungskraft beflügeln, denn es scheint, als sei es von hier wirklich nur ein kleiner Schritt in die Wolken und als wäre hier die Grenzlinie zwischen der irdischen Welt und dem Universum. Dieses »Land der schimmernden Berge«, wie es die Blackfeet-Indianer nannten, liegt fast ein wenig aus der Welt – in einer fernen Ecke der Vereinigten Staaten hart an der Grenze zu Kanada, wo Städte, Dörfer und Menschen immer seltener werden. Wenn noch der kalte Hauch des letzten Winters über den Weiden liegt und ein zaghaftes Grün einen kurzen, jähen Sommer ankündigt, reicht die Stille bis zum Horizont. Es ist eine maßlose Stille, die dieser maßlos großen Landschaft angepaßt ist. Sie stammt aus einer Zeit, in der niemand in diese Wildnis einzudringen wagte.

Hier oben sind die Rocky Mountains beinahe ein filigranes Gebilde. Hier fehlt ihnen die gedrungene, herbe Masse der Berge Colorados oder die Macht der Teton Range, und sie sind, kaum über dreitausend Meter aufsteigend, nicht einmal besonders hoch. Was sie dennoch so eindringlich macht, ist die plötzliche Erhebung und der steile Ausbruch aus der Ebene mit Mauern aus Stein, die wie Wälle aufragen, mit spitzen Gipfeln und gebrochenen Graten, mit heute noch fünfzig gleißenden Gletschern, in denen sich die Sonne wie in riesigen Spiegeln fängt. An dieser Stelle sind aus einem Urmeer, dessen vergangenes Leben an vielen Felswänden in Spuren fossilierter Algen zu erkennen ist, zwei Bergketten, die Livingston und die Lewis Range, emporgestiegen. Es ist ein junges, kaum mehr als fünfzig Millionen Jahre altes Gebirge, bei dessen Entstehung sich durch die sogenannte Lewis-Overthrust-Verwerfung uraltes Sedimentgestein, das viel früher noch durch tief aus dem Erdinnern flüssig aufsteigende, mit Eisen beladene Gesteinsmassen dunkel durchsetzt wurde, auf viel jüngeres geschoben hat. An den Marmor-ähnlich gefärbten Felsschichten, insbesondere der Lewis Range, kann man dieses heutzutage gut erkennen. In den Eiszeiten entstanden durch Gletscherkraft dann auch hier tiefe Täler, Zinnen, gestürzte Tür-

me und Amphitheater, in denen ein blauer, erstarrter See liegt, der aus der letzten Kälteperiode der Erde übriggeblieben ist. Nirgendwo sonst in den Rocky Mountains ist die Continental Divide so deutlich zu erkennen wie hier. Manchmal sonst nur zu ahnen auf einer hohen Ebene oder auf einem Plateau, wird sie auf der scharfen Kante des Garden Wall zu einem schmalen Strich über steilen Abstürzen – eines der seltsamen Spiele der Natur, ein Ergebnis jener unberechenbaren Gletscherflüsse, die auch alten, dunklen Stein bis in die Ebene getragen oder in den Lake McDonald geworfen haben, wo ihn Wellen zu bunten Kieseln schliffen, die in den Farben der Dämmerung leuchten: rostrot, dunkelblau, geheimnisvoll geädert.

Hier im Glacier Park auch, auf dem Gipfel des Triple Divide Mountain, trifft die zweite große Wasserscheide Nordamerikas, die Hudson Bay Divide, auf die Kontinentale Wasserscheide. Von hier aus fließen Gewässer nicht nur in den Pazifik und Atlantik, sondern, angefangen etwa vom Hudson Bay Creek, über den St. Mary und Saskatchewan River auch in die Hudson Bay.

Dieses Bergland, das man die Krone des Kontinents nennt, ist das Herzstück des Glacier Nationalparks, der sich jenseits der Grenze im Waterton Lakes Nationalpark auf dem Boden der kanadischen Provinz Alberta fortsetzt – im Jahre 1932 zum Waterton/Glacier International Peace Park vereint als Symbol einer guten Nachbarschaft und ein kleiner Abglanz jener Tage, in denen die Menschen frei und ungebunden umherzogen auf Wegen, die ihnen die Natur vorgeschrieben hat.

Es ist zu vermuten, daß diese Gegend schon früh betreten wurde, wahrscheinlich von mongolischen Stämmen, die nach der Überquerung der Bering-Straße gen Süden wanderten. Erste Zeugnisse des Menschen sind Tonscherben aus der Zeit um 300 v. Chr., die am Waterton Lake gefunden wurden. Später lebten am Fuß der Berge zuerst die Kutenai-Indianer, die dann von den in Kanada »Stoney« genannten Assiniboin-Indianern aus den mittleren Prärien – sozusagen vor sich her – tiefer in die Berge verdrängt wurden, als die Blackfeet nach einem weiten Weg von den Großen Seen durch das südliche Kanada bis hierher vordrangen und bald die ganze Region beherrschten – vom jetzigen Alberta bis tief nach Montana und Wyoming hinein. Dieses stolze und kampflustige Volk, dessen Krieger auf schnellen Pferden die Prärie durchquerten, war bei den Nachbarn gefürchtet, vor allem bei den Flatheads und Kalispels, Stämme, die von Westen über die Berge zur Büffeljagd kamen, aber auch bei den Gros Ventre und den jetzt am Fuß der Rocky Mountains lebenden Stoneys.

Ausgerechnet an den Blackfeet, den Herren der Ebene, die in den Bergen den Grizzly und den Adler jagten, deren Klauen und Federn ihnen als Schmuck dienten, vollzog sich ein grausames Schicksal. Als die Weißen fast alle Büffel getötet hatten, verhungerten Tausende von ihnen. Um das Jahr 1837 fielen zwischen 60 000 und 100 000 Menschen der Blackfeet und der anderen Indianer-Völker der oberen Prärien einer Pocken-Epidemie zum Opfer. Das traurige Ende der Blackfeet-Vorherrschaft vor dem unwiderruflichen Weg in die Reservation – die schon 1855 offiziell befohlen worden war, aber von den Indianern nicht angenommen wurde – war das Baker-Massaker von 1870: Als Piegans, ein den Blackfeet verwandter Stamm, einen Siedler getötet hatten, zogen Soldaten unter Eugene M. Baker zu einer Strafexpedition aus auf der Suche nach dem Häuptling Mountain Chief und 1 500 seiner Krieger. In der Nacht umstellten die Soldaten ein Lager – das falsche, wie sich später herausstellte, nämlich ein Blackfeet Camp unter dem berühmten Chief Heavy Runner – und im Morgengrauen griffen sie an. Sie töteten 173 Männer, Frauen und Kinder. Damit war der Widerstand des Blackfeet-Volkes gegen die weiße Besiedlung endgültig gebrochen. Sie hatten zu spüren bekommen, was der greise Creek-Indianer Speckled Snake im Südosten des Kontinents schon 1829 seinem Volk gesagt hatte: »Als der Weiße Mann seinerzeit über die weiten Wasser kam, war er nur ein kleiner Mann, sehr klein. Seine Beine waren steif vom langen Sitzen in seinem großen Boot, und er bat um ein Stückchen Land, auf dem er sich ein Feuerchen machen wollte. Doch als der Weiße Mann sich am Feuer der Indianer gewärmt und sich mit ihrem Maisbrei vollgestopft hatte, wurde er sehr groß. Mit einem einzigen Schritt stand er auf den Bergen, und seine Füße bedeckten die Prärien und Täler. Seine Hand griff sich das Ostmeer und das Westmeer, und sein Kopf ruhte auf dem Mond. Dann wurde er unser Großer Vater. Er liebte seine roten Kinder und sagte: Geht ein bißchen weiter fort, damit ich nicht auf euch trete. Brüder! Ich habe sehr vielen Ansprachen unseres Großen Vaters gelauscht. Aber sie begannen und endeten immer mit den Worten: Geht ein bißchen weiter fort, ihr seid mir zu nah.«

Ausgerechnet in dieses Land hoch im Nordwesten kam jener weiße Mann sehr früh, Jahre bevor die Erschließung des neuen Amerika begann. Es waren vor allem französische Trapper, die im Auftrag der North West Company sowie der noch erheblich älteren Hudson's Bay Company, jener Handelsgesellschaft, die, berühmt und berüchtigt geworden ob ihrer kühnen Unternehmungen, man auch »Here before Christ« nannte, in diese Wildnis vordrangen. Aber es blieb ein namenloses Land, über das 1787 der Pelzjäger David Thompson schrieb: »Endlich kamen die Rocky Mountains in Sicht wie schimmernde weiße Wolken am Horizont, doch wir glaubten nicht, was unser Führer sagte; als wir aber näherkamen, hoben sie ihre ungeheuren Mengen Schnee in die Höhe, die uns als Wolken erschienen waren und bildeten eine unübersteigbare Barriere, die höchstens der Adler überwinden kann.« Ein anderer Trapper, Peter Fidler, der 1792 den Osthang der Rocky Mountains erreichte, gab einem der Gipfel der vordersten Reihe den ersten Namen. Er nannte ihn, der heute Chief Mountain heißt, King's Mountain, wahrhaftig ein königlicher Berg, der wie ein erratischer Block aus der Ebene ragt, ein funkelnder Solitär in dieser strahlenden Ansammlung von Gipfeln und die Landmarke für alle, die nach Wegen durch diese Gegend suchten. Zu diesen Pfadfindern gehörte auch der rührige Jesuit Pierre-Jean DeSmet, der uns schon im Yellowstone begegnet ist. 1841 baute er im Bitterroot-Tal eine Missionsstation und versuchte, die Indianer zum rechten Glauben zu bekehren.

Es waren immer nur wenige Männer gewesen, die in einem halben Jahrhundert die Glacier-Region durchstreiften. Erst seit 1846, als der 49. Breitengrad von Minnesota bis zum Pazifik als endgültige Grenze zwischen dem britischen Kanada und den Vereinigten Staaten festgelegt war, wurde der Norden Gegenstand öffentlichen Interesses. Angeregt durch die industrielle Revolution im Osten und beflügelt vom sprunghaften technischen Fortschritt, reiften die Pläne für transkontinentale Schienenwege als sichere Verbindung zwischen den Ballungsräumen am Atlantik und dem immer noch leeren Westen. Es war Isaac Stevens, Gouverneur des Washington-Territoriums, der zuerst nach Möglichkeiten zur Errichtung eines Schienenweges über die Rocky Mountains suchen ließ. Einer seiner Ingenieure, A. W. Tinkham, brach 1853 auf, um den Marias-Paß zu finden, den der Blackfeet-Häuptling Little Dog als eine mögliche Passage beschrieben hatte. Doch Tinkham verirrte sich. Er entdeckte statt dessen den heute Pitamakan genannten Paß weiter nördlich, der sich für das »Feuerroß« als unüberwindlich erwies. Erfolgreicher war ein Jahr später John Duty, der den richtigen Marias-Paß fand, genau so, wie ihn Little Dog beschrieben hatte: auf einer Länge von vierhundert Kilometern der einzige mit den technischen Mitteln der Zeit zu bewältigende Übergang in den Bergen. Es dauerte noch fast vierzig Jahre, ehe die Eisenbahnlinie wirklich gebaut wurde. Erst im Jahre 1889 hatte James Jerome Hill, Besitzer der Great Northern Railroad, die alten Pläne, die während des Bürgerkriegs in Vergessenheit geraten waren, wieder aufgegriffen.

Inzwischen hatte sich das Montana-Goldfieber auch auf den Norden ausgedehnt. Immer mehr Prospektoren drängten in die Berge – auch in jenes Gebiet, das Teil der Reservation der Blackfeet-Indianer war. Unfähig, diesem Ansturm zu widerstehen, verkauften sie den bergigen Teil ihres Territoriums östlich der Continental Divide für 1,5 Millionen Dollar an die amerikanische Regierung, die es 1898 offiziell für die Gold- und Mineraliensucher wie für den Kupferbergbau öffnen ließ. Als an einem Sommertag der Startschuß für die Landnahme gefallen war, strömten Hunderte zu Pferd, auf Wagen oder zu Fuß in das Swiftcurrent-Tal, um ihre Claims abzustecken. Fast über Nacht entstand das Städtchen Altyn mit Poststation, Läden, Saloons und Tanzhallen. Doch fast ebenso schnell, wie es aufgebaut worden war, wurde es auch wieder verlassen. Das Dorado in den Glacier-Bergen hatte sich als wenig ergiebig erwiesen. Noch einmal schien sich dann Anfang dieses Jahrhunderts hier ein Boom anzukündigen, als vor allem westlich der Continental Divide im Kintla-Tal sowie weiter nördlich am Lineham Brook auf kanadischem Boden Öl gefunden wurde; aufmerksam gemacht wurden die Prospektoren durch den Ölgeruch, der den von den Trappern abgelieferten Bärenfellen anhaftete. Doch auch diese Quellen waren bald nicht mehr ergiebig genug. Von nun an galten die Berge dieser Region als zu kalt für den Ackerbau, zu rauh für die Viehzucht und zu arm, um noch weiter nach Erzen und Mineralien zu suchen. Daß hier dennoch goldener Boden war, erkannte nur der Eisenbahnkönig Hill.

Am 17. September 1891 hatte George Bird Grinnell, Sohn eines New Yorker Börsenmaklers, den es in den Wilden Westen gezogen hatte und der als Autor und späterer Besitzer des »Forest and Stream«-Magazins die Wildnis Amerikas in vielen Aufsätzen beschrieben hatte, in sein Tagebuch eingetragen: »Es wäre eine gute Idee der Regierung, die Berge um den St. Mary Lake in einen Nationalpark zu verwandeln.« Knapp zwanzig Jahre später, am 11. Mai 1910, war sein Vorschlag durch ein von dem Präsidenten William Howard Taft unterzeichnetes Gesetz Wirklichkeit geworden. Schon fünfzehn Jahre zuvor hatte das Dominion von Kanada, das sich 1876 vom britischen Mutterland abgenabelt hatte, auf Betreiben von John George »Kootenai« Brown, dem ersten weißen Siedler der Gegend, ein kleines Stück Land um die Waterton-Seen unter Schutz gestellt, das später auf rund 520 Quadratkilometer vergrößert wurde und 1930 den Nationalpark-Status erhielt.

In der Zwischenzeit allerdings war auch J. J. Hill mit seinem Sohn Louis nicht untätig geblieben. Auf der Suche nach Attraktionen, zu denen sie mit ihrer Eisenbahn große Menschenmengen transportieren konnten, hatten sie den touristischen Wert dieser wilden Schönheit der Glacier-Berge entdeckt. In Waggons, die als Markenzeichen das Porträt der Schneeziege trugen, lockten die Hills Namenlose ebenso wie Reiche und Berühmte in den neuen Nationalpark. Für sie wurden Blockhäuser und Hotels gebaut – darunter das schon 1915 in schweizerischem Stil errichtete Many Glacier Hotel, das mit seinen dreihundert Zimmern zeitweilig das größte Amerikas war – und mit allen Annehmlichkeiten ausgestattet: fließend kaltes und heißes Wasser, Dampfheizung, Telefon, Friseur und Schneider. Und die Gäste entdeckten tagsüber im »rustikalen« Pferdesattel und abends in Smoking und Abendkleid den Zauber der Natur als Kontrast zu ihrem städtischen Leben. Es kamen die Vanderbilts, Astors und Roosevelts, das belgische Königspaar, die rumänische Königin mit ihren zwei Kindern, der norwegische Kronprinz. Es tummelten sich hier später auch die Filmproduzenten samt ihren Stars; Gary Cooper zum Beispiel, der sich von den Indianern »Adlerwolke«

taufen ließ, oder Barbara Stanwyck und Ronald Reagan bei Dreharbeiten zu dem Film »Cattle Queen of Montana«. Schon in der Saison des Jahres 1921 waren es fast 20 000 Besucher, die einen Hauch Wilden Westen genießen wollten – mit dem romantischen Schauder des Abenteuers, obwohl es kaum mehr »Raubtiere« gab. Diese waren schon durch einen Erlaß von 1912 zum Abschuß freigegeben worden. Für 75 Dollar im Monat wurde ein Jäger angestellt, um unter Bären, Silberlöwen, Wölfen und Coyoten aufzuräumen, die als »Bedrohung« des Parks und seiner Besucher galten und nicht in die Spielregeln eines »pleasuring ground« paßten. Es gehörte zum Gefühl der Zeit, Natur nur in einer domestizierten Form zu akzeptieren, und es galt eine Ordnung von Gut und Böse, die allein der Mensch festsetzte.

Dem Befürfnis nach einer leichten Annäherung an das Abenteuer Natur entsprachen auch Pläne, eine Straße zu bauen, denn bis dahin gab es nur einen Zugang zur Bergwelt von der Eisenbahnstation Midvale (East Glacier) aus sowie zwei Trampelpfade über die Kontinentale Wasserscheide nach Westen: vom St. Mary Lake über den Gunsight-Paß zum Lake McDonald und von Many Glacier über den Swiftcurrent-Paß ins Tal des McDonald Creek; Wege, die seit Jahrhunderten von den Indianern benutzt worden waren. Major William R. Logan, erster Superintendent des Parks, erhielt den Auftrag, ein solches Projekt zu verwirklichen – für die damalige Zeit eine fast unlösbare Aufgabe. Logan war ehemaliger Armeescout, der nur zufällig einem frühen Tod entgangen war, weil er wenige Tage vor dem Feldzug des Generals George Armstrong Custer, der mit der völligen Vernichtung der amerikanischen Truppen am Little Bighorn endete, abkommandiert worden war. Logan erlebte nicht mehr, daß Automobile über die Berge fuhren, denn es dauerte zwanzig Jahre und kostete die Summe von drei Millionen Dollar, ehe am 15. Juli 1933 die Going-to-the-Sun Road eröffnet werden konnte – 80 Kilometer Triumph der menschlichen Kraft und Beweis der menschlichen Fähigkeit, selbst Berge zu versetzen. Aber diese Straße, die tatsächlich so aufsteigt, als wolle sie in den Himmel stürmen, ist auch ein Weg, auf dem sich durch faszinierende Ausblicke die ganze Schönheit der vergletscherten Gipfel eröffnet, sicher eine der großen Bergstraßen dieser Erde, auf der die Reise von St. Mary nach Apgar zu einem optischen Abenteuer und Genuß wird. Immer wieder erscheinen Bilder von bewegender Pracht: wenn auf der Höhe des Logan Passes aus dem Tal von Westen her Wolken heraufziehen und das dunkle Grün der tiefen Wiesen in ein mystisches Licht tauchen, wenn am Sun Point der schroffe Fels des Little Chief Mountain auf der anderen Seite des St. Mary Lake in einer glänzenden Morgensonne fast zu schweben beginnt, wenn die mächtigen Klötze des Going-to-the-Sun Mountain und des Mount Gould sich am Nachmittag vibrierend aufbäumen, wenn das Matterhorn des Glacier Parks, der Reynolds Mountain, die letzten Sonnenstrahlen des Tages mit ihrer gelassenen Wärme reflektiert, wenn Wasser über die Felsen wie ein heller Schleier strömt oder der Schnee des letzten Winters durch seltsame Algen mit einem rosa Schimmer gefärbt ist. Die Going-to-the-Sun Road, durch die das Monopol der Schiene gebrochen und ein sprunghafter Anstieg der Besucherzahlen bewirkt wurde – 1936 waren es 210 000 –, ist auch heute noch die große Attraktion für über zwei Millionen Menschen, die jedes Jahr den Glacier Nationalpark besuchen – zusammengedrängt auf eine kurze Zeit zwischen Anfang Juni und Ende September. In der übrigen Zeit des Jahres ist die Straße unpassierbar.

Daß dieser Park dennoch zu denen gehört, die als »naturbelassen« gelten können, er immer noch einer der einsamsten in den Rocky Mountains ist und zu einer letzten Zuflucht für seltene Tiere wurde, liegt daran, daß es, abgesehen von Stichstraßen zu den Parkzentren und eben jener Querverbindung über die Berge, kaum befestigte Wege gibt. Nur zu Fuß ist die wirkliche Berührung dieses wilden Landes, das Wege für einen ganzen Sommer und an jedem Tag einen neuen See bietet, möglich. Alle diese Wege führen in eine Welt von vollendeter Harmonie. Es ist nicht allein der große Blick auf die Gipfel und Gletscher oder über verschwiegene Wasserspiegel – einer der schönsten ist der leicht erreichbare Iceberg-See unter den nackten Klippen der Pinnacle-Wand des Mount Wilbur, auf dem oft noch im August Miniaturen polarer Eisberge schwimmen –, der die oft harte und beschwerliche Wanderung so aufregend macht, sondern mehr noch der kleine Blick auf die farbigen Teppiche von Moosen und Flechten, oder über Wiesen, die in einem kurzen Sommer aufblühen zu einem Blumenmeer, über dem die creme-farbenen Pinsel des Bärengrases wie Kerzen leuchten. Und dieser Park ist voll heimlichen Lebens. Es gibt hier den schillernden Käfer, der durch die Grashalme torkelt, den vielfarbenen Schmetterling, der auf den Blütenköpfen ruht, und das Eisgraue Murmeltier, das mit einem spitzen Pfiff in seinem Felsgang verschwindet. Aber auch die Begegnung mit dem großen Wild ist nicht ausgeschlossen. Denn obwohl bis weit in unsere Gegenwart hinein auch im Glacier Nationalpark erbarmungslos gejagt wurde, ist hier ein neues Refugium entstanden für den Luchs, den Silberlöwen, den Schwarzbären und vor allem für den Grizzly, den unbestrittenen König dieser Berge. Etwa zweihundert dieser mächtigen Tiere wandern durch das Nationalpark-Gebiet, die, der Schneegrenze folgend, im Sommer oft weit hinauf in die Felsregionen klettern. Die Parkverwaltung empfiehlt allen, die in die Wildnis gehen, ein Glöckchen an der Jacke zu tragen, zu reden oder zu singen, um überraschende Begegnungen zu vermeiden und um den Tieren eine Chance zur Flucht zu geben. Dann und wann werden auch bestimmte Reviere, in denen sich Grizzlies aufhalten, geschlossen. Aber die Gefahr, daß die Bären Menschen anfallen, ist sehr viel geringer geworden, seit auch hier mit der Unsitte Schluß gemacht wurde, diese Tiere mit Abfall zu füttern und streng darauf geachtet wird, daß nichts in der Landschaft liegenbleibt, was sie anlocken könnte.

Wenn sich die kalte Jahreszeit im Oktober mit eisigen Winden aus dem Norden ankündigt, beginnen sich alljährlich am Abfluß des Lake McDonald ganz in der Nähe von Apgar bis zu 600 Weißkopf-Seeadler zu sammeln, um hier bis in den Dezember hinein eine überreiche und leichte Beute an Kokanee-Lachsen zu finden, die hier im McDonald Creek ihre Laichgründe haben – ein wahrhaft spektakuläres Naturschauspiel!

Heimisch sind im Park außerdem Elche und Schneeziegen, in der Nordwestecke wurden sogar einige Karibus gesehen. Hirsche und Dickhornschafe sind inzwischen so zutraulich geworden, daß sie an den ruhigen Herbst- oder Vorfrühlingstagen bis in die kleine Ortschaft Waterton Park kommen, dem Zentrum des Waterton Lakes Nationalparks.

Die Wege in diesen beiden Parks sind immer voll Überraschungen. Es war an einem vor Hitze flimmernden Sommertag, als wir vom kanadischen Belly River Campground aus zunächst auf dem Chief Mountain International Highway, der die einzige Straßenverbindung zwischen den beiden Parks darstellt, die Grenze nach Montana überquerten, dann zurück zum Belly River stießen und diesem bis zum Crossley Lake folgten und am langgestreckten Kristall des Glenns Lake eine sternenklare, kühle Nacht verbrachten. Frühmorgens ging es den Mokowanis-Fluß stromauf, von dem wir uns kurz vor unserem Aufstieg zum Stoney-Indian-Paß wieder trennen mußten. Weit unter uns nach Norden zu glänzte das Blau des Waterton-Sees; über den Bergen lag eine atemlose Stille. Es war seltsam, wie sich hinter Goat Haunt und nach dem steilen Anstieg über den Brown-Paß auf dem Weg zum Kintla Lake die Landschaft veränderte. Während auf der Ostseite der Continental Divide unter dem Einfluß der Winde aus dem arktischen Norden die Vegetation eher rauh und karg ist, beginnt jenseits der Kammlinie ein üppiges, tiefes Grün mit den mächtigen Stämmen der Rotzeder und riesigen Lebensbaum-ähnlichen Hemlocktannen, die zu einem fast undurchdringlichen, leisen Wald zusammenwachsen, der jeden Schritt verschluckt, die Sonne verdeckt und nach Pilz und Moder riecht. Die Kontinentale Wasserscheide ist auch hier eine scharfe Klimagrenze zwischen dem feuchten, von Regenwolken des Pazifiks getränkten Westen und dem trockenen Osten.

Nicht minder überraschend ist es, vom herben Glacier Park wieder hinüber in den Waterton Lakes Park zu wechseln – mit dem Schiff über den Waterton-See zum Beispiel, über dessen Ufer auf einem hohen Eiszeithügel wie ein Schloß das in den Jahren 1925–1927 im alpinen Stil erbaute Prince of Wales Hotel thront, oder auf einem der vielen schönen Wildnispfade am Wasser entlang –, wo die Berge sanft auszurollen beginnen in die Prärie Albertas. Auf solchen Wegen wird es zur Gewißheit, daß es keine Übertreibung ist, dieses Land die Krone des Kontinents zu nennen. Heute erlebt es manchen lauten Sommer, aber im Winter verwandelt es sich in einen Ort, an dem sich die Stille der Vergangenheit und die letzte Stille der Gegenwart begegnen – ganz in Weiß. Denn weiß werden dann die grauen Berghänge und die blauen Seen, werden Moorschneehuhn und Wiesel. Dann wird der Herzschlag dieser Landschaft ganz langsam, so wie der des Columbia-Ziesels, der sich tief in die Erde vergräbt und schläft, bis die ersten Blüten aufbrechen.

Sacajaweas Fährte

Es war an einem Tag im Frühling. Die Sonne kündigte schon die Hitze des Sommers an und von den Bergen wehte der warme Chinook-Wind, der den Schnee von den Felsen leckt und die winterbraune Prärie von Wyoming mit einem ersten Schimmer von Grün überzieht. An diesem Tag hatten wir, begleitet von Schwärmen der Ohrenlerchen und Herden der zierlichen Gabelantilopen, deren Fell in den Farben der Landschaft glänzt, eine weite reglose Ebene durchquert, die sich in sanften Wellen ausbreitet. Wir hatten Orte gesehen, die man schnell wieder vergißt: Stunsbury Junction, Eden – was für ein Name für einen Haufen Häuser mitten in der Einsamkeit – und Farson. Am South-Paß hatten wir die Continental Divide überschritten, auf dem die Geschichte durch zwei tiefe Furchen eingegraben ist – die Spuren von vielen tausend Wagen, die hier auf dem berühmten und berüchtigten Oregon Trail nach Westen gezogen sind, einem Weg der Leiden und der Hoffnungen, der länger als ein halbes Jahrhundert die wichtigste Route für Pioniere und Siedler war. In Independence am Missouri brachen sie auf – damals die westlichste Stadt des jungen Amerika –, zogen dreitausend Kilometer durch die Weiten Nebraskas und Wyomings und kämpften sich durch die Wüsten Nevadas, um irgendwo jenen Ort zu finden, an dem Milch und Honig fließt. Der Blick vom South-Paß muß sie um eine Illusion ärmer gemacht haben, denn ringsum war nichts als eine kahle, schwermütige Öde, die nichts als Durst, Hunger und Mühsal versprach. Entdeckt wurde dieser Weg über die Berge von dem jungen Schotten Robert Stuart – von der pazifischen Seite aus. Im Juni 1812 war er von einer Handelsniederlassung des Johann Jacob Astor am Ufer des Ozeans losgezogen, hatte sich, erschöpft und dem Verhungern nahe, durch die Rocky Mountains gequält und erreichte Monate später mit seinen wenigen Begleitern St. Louis, ohne daß jemand von seiner Entdeckung – der ersten West-Ost-Verbindung – besondere Notiz nahm, denn die Erregung über einen anderen Weg in entgegengesetzter Richtung war wohl noch zu groß. Stuarts Überquerung der Berge wurde vergessen, bis zwölf Jahre später der Trapper Jedediah Smith den Paß wiederfand, über den von nun an Pelzjäger, Goldsucher, fromme Siedler, Gesindel und Abenteurer in ein neues Gebiet vordrangen, das hinter dem Land lag, das erst kurz vorher ein Teil der Vereinigten Staaten geworden war.

Heute führt über den South-Paß eine breite Teerstraße, die sich, bequem und gefahrlos, durch Gestein und Wermut-Gestrüpp drängt und wieder hinunterfällt auf das Städtchen Lander zu, hinter dem das große Viereck der Wind River Reservation beginnt – ein Stück mageren Bodens, in dem Amerika jene Menschen duldet, die einst die ganze Weite besaßen, denen die Flüsse gehörten, das Gras und der Büffel, die bittere Wurzel der Lewisia pygmea und der schimmernde Rand der Berge. Hier leben heute die Nachfahren der Arapahos und Schoschonen. Eine der Ortschaften in dieser Reservation ist Fort Washakie. Es ist eigentlich kein Platz, der zum Bleiben einlädt, eine kleine Siedlung an der großen Straße mit ein paar Fassaden im Western-Stil und einer rauchenden Fabrik. Aber hinter diesem Städtchen ohne Bedeutung ist fast heimlich und ohne großen Hinweis eine Erinnerung versteckt, die in jene Zeit zurückreicht, in der Amerika seine ersten Schritte zur Eroberung des Westens getan hat: Wo sich das Land wieder still ausbreitet, liegt auf einem flachen Hügel, den ein gebrochener Drahtzaun umgrenzt, ein Indianerfriedhof, geschmückt mit grellbunten Plastikblumen und grauen, aus dem Fels der Rocky Mountains gehauenen Grabsteinen, zwischen denen Kühe das spärliche Gras abweiden. Mitten darin liegt das Grab Sacajaweas.

Sacajawea: Das ist ein Name, der nach einer Legende klingt und mit ihm verbindet sich ein Mythos, der die Erschließung des unbekannten Amerika umweht. Hier liegt jene Frau begraben, die die erste Expedition durch das Louisiana Territory und durch die Rocky Mountains begleitet und ein gutes Stück geführt hat. Nach ihr sind kleine Flüsse und Seen benannt, irgendwo in Montana gibt es das Sacajawea Hotel, im Museum von Helena sitzt sie in einem Diorama klein und scheu am Rande der Szene, im Buffalo Bill Historical Center von Cody steht in einem Blumengarten die bronzene Statue einer schönen Indianerin, die in eine unbegrenzte Ferne schaut, und Anna Lee Waldo hat über sie einen romantisch-heroischen Bestseller geschrieben, in dem sich Wahrheit und Erfindung auf seltsame Weise zu einem dramatischen Porträt vermischen. All dies sind Spuren eines außerordentlichen Menschen, der nun hier an diesem Ort ruht – neben sich das Grab ihres jüngsten Sohnes Bazil und den Erinnerungsstein an ihren Erstgeborenen Jean Baptiste Charbonneau, den sie an einem kalten Wintertag zur Welt gebracht hat und den sie auf dem Rücken durch die Rocky Mountains trug. Von ihrem Grab aus reicht der Blick zu den immer noch mit Schnee bedeckten Gipfeln der Berge, die ihr zum Schicksal wurden.

Noch bevor 1803 der Kauf des Louisiana Territory besiegelt war, hatte Präsident Thomas Jefferson darüber nachgedacht, was geschehen würde, wenn die Vereinigten Staaten die Westgrenze am Mississippi überschritten und in ein Gebiet vordringen würden, von dessen Dimension niemand etwas wußte, das unerforscht war und von dem es keine Karten gab, sondern nur vage Nachrichten. Jeffersons Gedanken lag der uralte Traum des Christoph Columbus zugrunde, den Westweg nach Indien zu finden. Der Präsident hoffte, damit Amerika neue Möglichkeiten des Handels zu eröffnen. Aber auch innenpolitische Überlegungen spielten mit: Der Einfluß Englands, das von der Nordgrenze her immer wieder in das Niemandsland eindrang, mußte gemindert werden, und die junge Nation brauchte Raum vor allem für die Indianer im Osten, die inzwischen weite Teile ihres angestammten Landes verloren hatten. Jefferson plante in aller Heimlichkeit – mit der irrigen Vorstellung, daß es irgendwo eine Verbindung geben müsse zwischen den Systemen des nach Osten fließenden Missouri, der bei St. Louis auf den Mississippi stößt, und des Columbia River, dessen Mündung in den pazifischen Ozean schon 1792 von dem amerikanischen Kapitän Robert Gray entdeckt worden war. Leiter der Expedition sollte sein Privatsekretär Meriwether Lewis sein, ein kampferprobter, an die Wildnis gewöhnter junger Mann aus Virginia.

Schneller als erwartet kam der Tag, an dem sich der Aufbruch ins Unbekannte verwirklichen ließ. Als der Vertrag zwischen Frankreich und den Vereinigten Staaten unterschrieben war, stand auf einmal die Tür in das neue Land weit offen. Im Winter 1803/1804 stellten Meriwether Lewis und William Clark, ein zweiter Virginian, den sich Jeffersons Sekretär als Begleiter ausgesucht hatte, im Camp Wood am Mississippi die Expedition zusammen: Soldaten, Frontiersmen, Trapper wie Colter und Droulliard, um die sich später Wildwest-Legenden ranken sollten, und Clarks schwarzen Sklaven York. Es war ein bunt zusammengewürfelter Haufen, der militärische Disziplin erst erlernen mußte. Die Expedition war gut ausgerüstet – mit Faltbooten, Pulver, Whiskey, Tauschgut für die In-

dianer und Medaillen mit dem Bild des Präsidenten. Aber außer einigen Karten der Briten James Mackay und John Evans über den Verlauf des oberen Missouri und mündliche Überlieferungen über den Lauf des Columbia River gab es nichts, an dem sie sich hätten orientieren können. Die Reise, die die knapp fünfzig Männer am 14. Mai 1804 begannen, führte in ein Nichts, von dessen Weite, Größe und Höhe sie weder eine vage Vorstellung hatten noch von dessen Gefahren sie etwas wußten.

Lewis und Clark hatten den Auftrag, den schiffbaren Weg nach Westen zu suchen, aber damit war auch eine delikate politische Mission verbunden: Es galt, die neue Macht Amerika in dem unbekannten Land zu etablieren – gegenüber den Indianern, die nach der Vorstellung Jeffersons untereinander in Frieden leben und einem Großen Weißen Vater im fernen Washington gehorchen sollten, und gegenüber den Handelsgesellschaften, die schon beinahe ein Jahrhundert lang Trapper in die herrenlosen Wälder schickten und einen lukrativen Pelzhandel betrieben. Was Lewis und Clark nicht wissen konnten, war, daß sie sich in eine Richtung bewegten, in der sich ihnen die Berge besonders hoch und feindlich in den Weg stellen sollten und die Wasserscheide nicht ein einzelner Höhenzug, sondern ein Massiv von gewaltiger Ausdehnung war. Zunächst jedoch entdeckten sie einen unvorstellbaren Reichtum an Tieren und Pflanzen. Sie sahen den Büffel, den Präriehund, den Coyoten, den grauen Wolf, die Klapperschlange, Hirsche mit großen Ohren, die sie mule deer nannten, das Dickhornschaf, den Grizzly, den zu töten für die Indianer mehr Tapferkeit erforderte als einen Blackfeet-Krieger zu »berühren«, und sie spürten die Mosquitos, die sie in Schwärmen überfielen.

Die Expedition verbrachte den ersten Winter im heutigen Nord-Dakota in der Nähe eines Dorfes der Mandan-Indianer. Ein Boot mit der bisherigen Beute aus dem neuen Land wurde nach St. Louis zurückgeschickt, das flußabwärts 43 Tage unterwegs war. Hier im Norden spürten die Männer zum ersten Mal die ganze Härte der Natur. Es muß an einem dieser kalten Tage gewesen sein, als der französische Trapper Toussaint Charbonneau auftauchte, ein Halbblut, das seit Jahren in den Wäldern lebte. Charbonneau, der kein Englisch, aber Französisch und einige indianische Dialekte sprach, bot sich als Übersetzer an. Bei sich hatte er seine beiden indianischen

Frauen. Eine von ihnen war die gerade sechzehn Jahre alte Sacajawea, die kleine Vogel-Frau, die schon ein schweres Leben hinter sich hatte, als sie zum ersten Mal weiße Männer traf. Sie gehörte zum Stamm der Agaidüka-Schoschonen, den »Lachsessern«, die am Rande des Yellowstone-Gebiets lebten, war aber als Kind bei einem Überfall der Minnetaree-Sioux geraubt worden. Charbonneau soll sie beim Spiel gewonnen haben.

Die Begegnung mit Lewis und Clark in dem Winterlager, das die Weißen Fort Mandan nannten, hatte schicksalhafte Züge. Es ist nicht mehr zu klären, welche Rolle Sacajawea für die Expedition wirklich gespielt hat. Manch romantische Verbrämung mag in den Bereich der Märchen gehören, etwa die Geschichte von einer aufkeimenden Liebe zwischen der Indianerin und dem rothaarigen Captain Clark, die Heldentaten, die Anna Lee Waldo in ihrem Roman der jungen Schoschonin andichtet oder die Sage von ihrer Schönheit, aber es kann als sicher gelten, daß die Männer von ihrer instinktiven Überlebenskraft und ihrer Fähigkeit, mit der Wildnis umzugehen, gelernt haben. Und sie, die noch immer die Erinnerungen an ihre frühe Kindheit in den Bergen mit sich trug, war wohl die einzige Hoffnung, einen raschen Weg über die Rocky Mountains zu finden, deren ungeheure Barriere sich ihnen erschreckend groß entgegenstemmte. Lewis und Clark wußten nun, daß es unmöglich war, die Boote über die Berge zu tragen und daß das Quellgebiet des Columbia River noch weit weg war. Sie wußten auch, daß sie Pferde für den Weitermarsch brauchten, und die konnten sie nur von den Schoschonen erhalten. All dies mögen Gründe dafür gewesen sein, Sacajawea mit auf die Reise zu nehmen, obwohl sie gerade an einem verschneiten Februartag einen Sohn geboren hatte, eben jenen Jean Baptiste Charbonneau, das Papoose der Expedition, das die harten Männer liebevoll »Pompy« nannten. Erstaunlich ist, daß die Tagebücher der beiden Captains über diese menschlichen Ereignisse und das Verhältnis zu der Indianerin kaum Aufschluß geben. Sie sind seltsam nüchtern, fast frei von Empfindungen und geprägt von jener herzlosen Disziplin, ohne die ein solches Unternehmen nicht möglich gewesen wäre.

Noch wußten die Männer nicht, welch steiniger Weg auf sie wartete, als sie im Frühjahr 1805 von Fort Mandan aufbrachen. Noch quälte sie nicht der Hunger, denn das neue Land bot jagdbares Wild in Hülle und Fülle – einige Monate später würden sie in ihrer Not Pferde- und Hundefleisch essen. Noch mußten sie sich nicht in Büffelhäute hüllen, um sich gegen die beißende Kälte zu schützen, und ihre Füße mit Lederfetzen bedecken. Unbehelligt von kriegerischen Indianern zogen sie weiter. Dieses Land schien menschenleer, und nirgends waren die Schoschonen zu finden, deren Pferde sie so dringend brauchten. Am 12. August 1805 überquerte die Expedition am Lemhi Paß die Continental Divide, und drei Tage später kam es zu einer Begegnung, die vielleicht der merkwürdigste Zufall auf dieser abenteuerlichen Reise war. Die Männer waren endlich auf einen Trupp Schoschonen gestoßen, der von einem Häuptling Cameahwait geführt wurde. Er war der Bruder Sacajaweas, den sie als kleines Kind zum letzten Mal gesehen hatte; eine junge Frau hatte nach vielen Irrwegen ihre Heimat wiedergefunden. Dennoch blieb sie weiter bei der Expedition, die nun, mit Pferden ausgerüstet, über den Lolo Trail weiterzog, den seit altersher die Nez-Percé-Indianer auf dem Weg in die Jagdgründe des Büffels benutzten. Aber jetzt erst begann der Weg der Leiden mit Hunger und Durst, und als schon Mitte September der erste Schnee fiel, begann ein dramatischer Wettlauf mit der Zeit. Lewis, Clark und auch die erfahrenen Trapper wußten, daß es ihren sicheren Tod bedeuten würde, wenn sie nicht den Columbia River vor Anbruch des Winters fänden. Die beinahe übermenschliche Leistung, kaum mehr nachvollziehbar für den modernen Menschen, gelang. Am 7. Oktober, nachdem sie auf ein Lager der Nez-Percé gestoßen waren, die sie mit Lachs bewirteten, konnten sie Flöße und Boote in den Clearwater River setzen – ein reißender, mit Stromschnellen durchsetzter Fluß – aber er floß westwärts. Nun konnte es nicht mehr weit sein zum Columbia River, den sie denn auch wenige Tage später erreichten. Der Weg zum »Stinkenden Wasser«, wie die Indianer den pazifischen Ozean nannten, war gefunden.

Meriwether Lewis und William Clark hatten den Auftrag des amerikanischen Präsidenten ausgeführt und dabei – fast unbegreiflich angesichts dieser strapaziösen Reise – nur einen einzigen Mann verloren, einen jungen Soldaten, der gleich zu Beginn des Weges wahrscheinlich an einer Blinddarmentzündung gestorben war. Und dennoch, die beinahe fünftausend Kilometer durch das neue Amerika waren fast umsonst zurückgelegt worden. Jeffersons Traum von einem durchgehenden Wasserweg quer über den Kontinent war ausgeträumt. Er war gescheitert an dieser gewaltigen Masse Fels, die von der Natur als Rocky Mountains aufgetürmt worden war. Es dauerte noch Jahre, ehe jene Landrouten, auf denen sich später Menschenströme in das Gelobte Land jenseits der Berge bewegten, entdeckt wurden. Doch trotz dieses Fehlschlags war diese Expedition wie ein Fanal. Als Lewis und Clark, die sich auf dem nicht minder mühevollen Rückweg getrennt hatten und auf verschiedenen Wegen wieder den Missouri erreichten, im September 1806 in St. Louis eintrafen und von einer begeisterten Menschenmenge triumphal empfangen wurden, war ihnen die Nachricht von dem unerschöpflich reichen neuen Land schon vorausgeeilt.

Im nächsten Frühjahr fuhren Hunderte von Pelzjägern den Missouri hinauf. Die Eroberung des Wilden Westens Amerikas hatte begonnen, und die ehemals stille Welt hallte bald wider vom Knall der Büchsen und dem Klang der Äxte. »Für uns«, sagte Luther Standing Bear, Häuptling der Oglala-Sioux, »waren die großen weiten Prärien, die sanft gewellten Hügel und die sich schlängelnden Flüsse mit ihrem wirren Ufergestrüpp nicht ›wild‹. Nur für den Weißen Mann war die Natur eine ›Wildnis‹. Er fürchtete sich vor den ›wilden‹ Tieren und verachtete die ›rohen‹ Menschen. Uns war das Land vertraut wie ein Freund. Die Erde war freigebig, und wir lebten ohne Sorge von den Segnungen des Großen Geheimnisses. Erst als der behaarte Mann aus dem Osten kam, lernten wir, was Rohheit und Wildheit bedeuteten, Ungerechtigkeit und Gewalt. Als sogar die Tiere des Waldes bei seinem Nahen flohen, da begann für uns der ›Wilde Westen‹«. Doch solche Klagen verhallten ungehört. Meriwether Lewis und William Clark hatten das Tor weit aufgestoßen, durch das sich Wellen von Menschen ergossen. Es wurde eine Welt verwandelt, die Jahrtausende in sich geruht hatte.

Sacajaweas Fährte hatte sich inzwischen im Ungewissen verloren. Für eine Weile noch ist der Weg ihres Sohnes Jean Baptiste zu verfolgen, der nach Europa ging, dort eine abendländische Erziehung erhielt und später wieder in die Wälder Amerikas zurückkehrte. Auch von den anderen Mitgliedern der Expedition gab es Nachrichten. William Clark blieb als In-

dianer-Agent und hochgeschätzter Bürger in St. Louis; Meriwether Lewis starb eines ungeklärten Todes – umgebracht oder durch Selbstmord. Colter und Droulliard jagten und kämpften in den Rocky Mountains. Die Indianerin aber, die ein Stück amerikanischer Geschichte mitgeschrieben hat, wurde auf seltsame Weise von der Geschichte vergessen. Über sie blieben nur Mutmaßungen und romantische Erzählungen, die sich langsam zu jenem Mythos verdichteten, der so manche Menschen aus den Kinderjahren des zur Weltmacht aufsteigenden Amerika umgibt. Es ist ein Mythos mit fast tragischen Zügen, denn Sacajawea, die mitgeholfen hatte, die Schritte der weißen Männer in das neue Land zu lenken, erlebte noch, wie das Stammesgebiet ihres Volkes immer kleiner, wie der Büffel immer sinnloser getötet wurde, wie Feuerwasser, Hunger und Krankheiten einst stolze Krieger zu erbärmlichen, verachteten Gestalten machten, und wie eine Kultur, die sich in Harmonie mit der Natur entwickelt hatte, dem Niedergang geweiht war. Als Sacajawea, fast hundert Jahre alt und die heimatlichen Berge nur noch wie eine vage Erinnerung als eine von fern leuchtende Hügelkette vor Augen, ihre letzten Tage in der Wind River Reservation verbrachte und dort starb, hatte sich eine Entwicklung vollzogen, wie sie radikaler kaum vorstellbar ist.

Das Amerika der lautlosen Prärien und der schweigenden Wälder war zu einem Siedlungsraum geworden, in den immer mehr Menschen drängten. Die Berge begannen ihren Schrecken zu verlieren durch neue Landwege zur pazifischen Küste, auf denen sich eine der großen Völkerwanderungen der Neuzeit ereignete – zwischen 1843 und 1869 waren es allein 300 000, die den South-Paß überquerten – und gegen das Lebensende Sacajaweas zerschnitten die ersten transkontinentalen Eisenbahnlinien wie eiserne Grenzen das einst grenzenlose Land. Sacajawea erlebte es auch noch, daß die ungezähmte Region nördlich des Yellowstone, in die sich einzelne Gruppen der Sioux, Cheyenne und Arapahos auf der Flucht vor der weißen Zivilisation zurückgezogen hatten, erschlossen wurde. 1871 drangen die Vermessungstrupps der Northern Pacific Railroad, die ihre Pläne plötzlich geändert und statt einer weiter südlich verlaufenden Route eine neue, mitten durch das Indianer-Gebiet führende Strecke bauen wollte, bis hierher vor. Die Menschen dort wußten, daß dies das Ende ihrer Freiheit bedeutete. Noch einmal versuchten sie, sich dem drohenden Untergang entgegenzustemmen, der – und das gehört zu den seltsamen Ereignissen in der Geschichte des amerikanischen Westens – durch ihren großen Sieg über die weißen Amerikaner besiegelt wurde: Nach der Schlacht am Little Bighorn, in der am 25. Juni 1876 General Custers Armee von den 12 000 Kriegern der Vereinten Stämme der Sioux und Cheyenne vernichtend geschlagen worden war, begann die letzte Austreibung der Indianer.

Wenige Jahre später fuhr das Feuerroß durch die Heimat Sacajaweas, und es folgte jener Spur, die sie als junge Frau zu ziehen geholfen hatte. Ehe sie starb, sah sie bestätigt, was Joseph, Häuptling der Nez-Percé, gesagt hatte, als er sich mit den Resten seines Stammes auf den Weg der Tränen machte: »Die weißen Männer waren zahlreich, und wir konnten uns nicht gegen sie behaupten. Wir waren wie Hirsche. Sie waren wie Grizzlybären. Unser Land war klein. Ihr Land war groß. Wir waren zufrieden, die Dinge so zu lassen, wie der Große Geist sie gemacht hatte. Die Weißen waren nicht zufrieden und änderten sogar den Lauf der Flüsse, wenn er ihnen nicht gefiel.«

Zum Beispiel Browning

Auf den ersten Blick ist nichts Außerordentliches an dieser kleinen Stadt. Sie gleicht den vielen Orten, die im Westen Amerikas in der Prärie verstreut sind, meilenweit voneinander entfernt, ein wenig still und müde und ohne Bedeutung. Wie überall in der Provinz ist kaum etwas zu spüren von dem jungen, dynamischen Amerika. Hier wirkt das Land alt, hier gibt es kein aufregendes, pulsierendes Leben, und die Tage vergehen mit träger Gelassenheit. Browning in Montana, dessen Ortsschild verkündet »Elevation 4460 feet; Population 4133« könnte überall sein, irgendwo zwischen den Weizenfeldern Oklahomas, in der Ebene von Nebraska oder im Sand von Texas: mit einer einzigen großen Straße, hinter der sich niedrige Häuser in Gras und Staub verlieren, mit einer Tankstelle, dem Supermarkt, mit einer Kolonie von Wohnmobilen und einer düsteren Kneipe, die spärlich mit kahlen Stühlen und Tischen möbliert ist. Es hält niemanden lange in diesen seltsam traurigen Orten an den schwarzen Teerbändern, die Amerika durchziehen – an diesen Orten, wo die Zeit stehengeblieben zu sein scheint. Wer nicht hier lebt, fährt hinein und hinaus, ohne daß eine Erinnerung bleibt. Bei Browning in Montana wäre es nicht anders, leuchteten nicht hinter den Hügeln die weißen Gipfel der Rocky Mountains wie ein Strahlenkranz und hätten nicht die Menschen hier Gesichter, die in die Vergangenheit weisen. Es sind Gesichter mit einer braunen Haut, hervortretenden Backenknochen und tiefliegenden Augen, umrahmt von tiefschwarzen Haaren, die manche Männer zu einem Zopf zusammengebunden haben.

Browning ist eine Indianerstadt und liegt mitten in der Reservation der Blackfeet. Wenn sie 1995 hundert Jahre alt wird, werden sich manche bei den Centennial-Feiern vielleicht zum ersten Mal bewußt werden, daß sich in diesem Ort eine Geschichte widerspiegelt, die eng verbunden ist mit dem Aufbruch Amerikas in eine neue Welt, mit der Eroberung und der Verwandlung eines unbekannten Landes, und mit dem Untergang eines Volkes. Nicht immer war dies eine glorreiche Geschichte. In und um Browning sind die kleinen Erinnerungen daran aufbewahrt: im »Museum of the Plains Indian« auf kunstvoll bemalten Zelthäuten, in mit den Borsten des Stachelschweins verzierten Schuhen, Friedenspfeifen, Lanzen, Pfeil und Bogen, den liebevoll geschmückten Taschen, in denen die Frauen ihre Kinder auf dem Rük-

ken trugen, in Szenen vom Sonnentanz, bei dem sich die jungen Krieger in einer schmerzhaften Prozedur ihren Göttern näherten und starkfarbigen Bildern aus der neuen Zeit, mit der manche Indianer ihre Weltsicht darlegen. Und am Museum vorbei führt eine Straße – westwärts dorthin, wo sich die Ebene und Berge zu berühren beginnen und mit von Bäumen gesäumten Flüssen, und nach Osten durch ein Land, das fast so geblieben ist, wie es eimal war: mit dem schier endlosen Blick in die Ferne und einem Ozean aus Gras. Ein wenig Fantasie reicht aus, darin die Büffelherden grasen zu sehen und sich zurückzuversetzen in die Zeit, in der die Blackfeet hier ihre Tipis aufgebaut hatten, jagten und kämpften. Aber solche Bilder verwehen rasch, denn gleich nebenan ist die bedrückende Gegenwart Brownings, das hart um seine Existenz ringen muß. Browning ist kein Ort für Träume.

Diese kleine Stadt ist nicht wohlhabend, und man sieht es ihr an. Fast schon am Ende der Welt gelegen und einer harten Natur ausgesetzt, die im September den ersten Frost bringt als Vorboten eines langen, eiskalten Winters, der oft erst im Mai endet, erregt sie keine öffentliche Aufmerksamkeit. Seit Jahren versucht der Blackfeet Tribal Business Council, ohne großen Erfolg, für Industrieanlagen zu werben, gekommen ist nur eine kleine Fabrik für Bleistifte und Kugelschreiber. Im Dezember 1982 lag die Arbeitslosenquote bei 52,8 Prozent, im Juni 1984 war sie auf 36 Prozent gesunken – im Verhältnis zum amerikanischen Durchschnitt von sieben Prozent immer noch ungeheuer hoch. Entsprechend niedrig ist der Lebensstandard mit einer sichtbaren Armut und ihren Folgen. An den Straßenrändern um Browning stehen viele kleine Holzkreuze, manches Mal zwei oder drei zusammen – Zeichen für das tödliche Ende einer Autofahrt im Alkoholrausch. Die schwierige soziale Situation verschärft sich noch durch das starke Bevölkerungswachstum – zwischen 1980 und 1983 um 1759 Menschen – in der Stadt wie auch in der rund 7000 Quadratkilometer großen Reservation, die im Norden bis an die kanadische Grenze reicht und im Westen an den Glacier Nationalpark stößt. Ein Drittel davon gehört weißen Ranchern. Es ist kein guter Boden, nur Grasland, das sich kaum für Ackerbau und nur für Viehzucht in kleinem Rahmen eignet – zu wenig für die knapp neuntausend Menschen, die hier leben. Es wird etwas Öl gebohrt und unter der dürren Erde liegt, noch unerschlossen, titanhaltiges Magnesitgestein, das vielleicht in der Zukunft eine Erwerbsquelle werden könnte.

Daß hier manche Entwicklungen nicht so verlaufen sind wie in anderen Gegenden Amerikas, daß Prosperität und Wachstum fast spurlos vorübergegangen sind, hat nicht allein seinen Grund in der Lage am Rand der Vereinigten Staaten. Erst langsam wächst eine Generation Indianer heran, die fähig ist, den Wettbewerb in der amerikanischen Gesellschaft aufzunehmen und sich einem Leben anzupassen, das zu lernen die Blackfeet vor einem Jahrhundert beginnen mußten. Und erst langsam gewinnt sie das Selbstbewußtsein, das ihren Vätern als einer verachteten Minderheit lange verwehrt war. Der entscheidende Bruch mit der Vergangenheit ereignete sich in dem berüchtigten Hungerwinter zwischen den Jahren 1883 und 1884. Damals war der letzte Büffel verschwunden. Noch zehn Jahre zuvor wurde im Nordwesten Amerikas der Bestand auf etwa vier Millionen Tiere geschätzt, ehe eine erbarmungslose, mörderische Jagd begann, zuerst der Felle wegen, später nur noch, um die Büffelzungen zu erbeuten, die im Osten als Delikatesse galten, oder aus der reinen Lust am Töten. Innerhalb von fünf Jahren waren die großen Herden vernichtet und nur einige wenige Tiere übriggeblieben. Die Prärie war voll von Kadavern und Gerippen, die Geier hatten eine gute Zeit. Den Indianern in den Great Plains war damit die Grundlage ihrer Existenz entzogen, denn seit altersher war der Büffel das lebenserhaltende Element: er nährte und kleidete sie, bereitete ihnen die Wohnung und gab ihnen das Werkzeug für den Alltag, ein Tier, dem magische Eigenschaften zugeschrieben wurden und das direkt von den Göttern stammen sollte. Auch die Blackfeet wußten, daß sie nach der Ausrottung des Büffels auf die Hilfe der Weißen angewiesen waren. Sie drängten in die Reservation, doch die Lebensmittelrationen, die ihnen zugewiesen wurden, waren viel zu klein. Man hatte – und hier spielte der Indianeragent John Young eine unrühmliche Rolle – nicht ausreichend für einen strengen Winter vorgesorgt. Mehr als sechshundert Menschen verhungerten; begraben wurden sie am Fuß eines Hügels, den man heute die Ghost Ridge nennt, ein Ort, dem man sich nur ungern nähert, weil manche noch immer die klagenden Stimmen zu hören meinen. Um ein ähnliches

Massensterben zu verhindern, versuchten die Agenten in der Reservation, die Blackfeet dazu zu bewegen, das ihnen zugewiesene Stück Land zu bestellen – für ein Volk von Jägern eine Arbeit, deren Sinn sie nicht verstanden. Auch später, als sie mehr Boden erhielten – 64 Hektar für das Familienoberhaupt, 32 Hektar für jedes Kind über 18 Jahren und 16 Hektar für jedes Kind unter 18 Jahren –, waren die Bemühungen, aus den Blackfeet Bauern zu machen, wenig erfolgreich. Leichter fiel es, in der Reservation eine Pferde- und Rinderzucht aufzubauen, denn damit war noch die Erinnerung verbunden an jene Tage, in denen die Indianer durch die Prärie ritten und das Ansehen eines Mannes an der Zahl seiner Pferde gemessen wurde. Aber als 1919 einem trockenen Sommer ein strenger Winter folgte, verkauften viele ihren Landanteil an weiße Farmer, um zu überleben. Erst dem Agenten F. C. Campbell gelang es, durch ein Entwicklungsprogramm etwas Hoffnung in die Reservation zu bringen.

Es war ein langer und schwerer Weg der Anpassung, den die Indianer zu gehen hatten. Nicht nur, daß die alten Männer müde und apathisch von einer verlorenen Zeit träumten, in der die Blackfeet ein starkes und bei allen Feinden gefürchtetes Volk waren, sondern sie verstanden auch nicht die Veränderungen, die so jäh über sie hereingebrochen waren. Zu tief war die Kluft zwischen dem Denken des roten und des weißen Menschen. Jahrhundertelang Nomaden und daran gewöhnt, das anzunehmen, was ihnen die Natur als Geschenk anbot, mußte ihnen der Eifer, mit dem die Weißen Furchen in die Erde zogen, und ihr Streben nach Besitz als ein fremdes, ja frevelhaftes Tun erscheinen. »Den Weißen«, sagte einmal eine alte Wintu-Frau, »war das Land gleichgültig . . . Wenn wir Indianer Wild erlegen, essen wir alles Fleisch auf. Wenn wir Wurzeln sammeln, graben wir nur kleine Löcher . . . Wir fällen keine Bäume. Wir benutzen nur totes Holz. Aber die Weißen wühlen den Boden auf, sie reißen die Bäume um und töten alles. Die Bäume sagen, tu's nicht! Ich bin verwundet! Tu mir nicht weh! Aber sie fällen die Bäume und zerhacken sie . . . Die Indianer verletzen nie etwas, die Weißen aber zerstören alles. Sie sprengen Steine und verstreuen sie über den Boden. Der Stein sagt, tu's nicht! Du tust mir weh! Aber die Weißen achten nicht darauf. Wenn die Indianer Steine benutzen, nehmen sie die kleinen runden für ihre Kochstelle. Wie kann der Geist der Erde den Weißen Mann lieben? Überall, wo der Weiße die Erde berührt, ist sie wund . . .« Mehr noch aber als solche Unterschiede des Fühlens mußte sie der Verlust der Freiheit, durch das weite Land zu ziehen, bedrücken, denn nun war die grenzenlose Prärie durchschnitten von Wegen, Schienen und Zäunen, reglementiert und in Besitztitel zerstückelt und zu einer ganz anderen Welt geworden als die, die sie vorgefunden hatten, als sie hierher kamen.

Alles deutet darauf hin, daß die Blackfeet ebenso wie die ihnen verwandten Stämme der Piegans und Bloods im frühen 16. Jahrhundert aus den Wäldern um die Großen Seen fortzogen und quer durch das südliche Kanada in das baumlose Grasland wanderten. Beweise dafür sind ihre Zugehörigkeit zur großen Algonquin-Sprachfamilie, die Art, wie sie Holz bearbeiteten und ihre heute längst vergessene Kunst, Töpferwaren herzustellen. Während die Piegans und Bloods, die heute auf kanadischem Boden leben, im Norden blieben, wandten sich die Blackfeet mehr nach Süden. Gegen Ende des 18. Jahrhunderts beherrschten sie ein riesiges Gebiet, das vom Saskatchewan-Fluß in Alberta bis zum Zusammenfluß des Yellowstone und des Missouri reichte. Mutig und erfahren auf der Jagd, waren sie die dominierende Kraft in den Jagdgründen des Büffels. Alle Stämme, die jeden Spätsommer über die Rocky Mountains kamen, um den Wintervorrat an Fleisch anzulegen, fürchteten die Krieger in den schwarzen Mokassins, die ihnen den Namen gegeben hatten – den Schuhen, die entweder gefärbt oder von der Asche der verbrannten Prärie gedunkelt waren. Schnell hatten sie sich dem Leben im offenen Land angepaßt. Mit tragbaren Zelten und mit gerade so viel Habe, wie Menschen und ihre starken Hunde schleppen konnten, waren sie ewig auf Wanderschaft. Ausgerüstet zunächst nur mit Pfeil und Bogen, Lanzen und steinernen Spitzen, großen lederbezogenen Schilden und hölzernen, mit einem Kopf aus Stein versehenen Keulen, die in der Hand eines Blackfeet-Kriegers zu einer fürchterlichen Waffe wurden, jagten sie den Büffel, indem sie die Herden auf Klippen und Abhänge zutrieben, über die die Tiere bei ihrer panischen Flucht hinabstürzten. Solche, von den Indianern Piskan genannten Buffalo jumps sind noch heute in der Nähe von Browning zu sehen. Doch schon verhältnismäßig früh – lange vor dem Kauf des Louisiana-Territoriums – hatten die Blackfeet auch Materialien der

Weißen kennengelernt, wohl schon in den ersten Jahrzehnten des 18. Jahrhunderts, als immer mehr indianische Pelzhändler, besonders Cree und Chippewa, im Auftrag der Hudson's Bay Company mit ihren Kanus flußaufwärts nach Westen vordrangen. Häute und Felle wurden gegen Wolldecken, Glasperlen – begehrt waren vor allem die blauen mit der Farbe der Häuptlinge –, eiserne Kochtöpfe, Messerklingen aus Stahl und Äxte, den später so gefürchteten Tomahawks, eingetauscht. Alle diese Dinge machten das Leben einfacher. Grundlegend veränderte sich die Situation aber, als die Blackfeet in der großen Ebene lernten, die von spanischen Siedlern in den Südwesten Amerikas eingeführten Pferde zu benutzen – die halbwilden Nachkommen entlaufener Tiere, die man Mustangos nannte – und in den Besitz der ersten Vorderlader-Gewehre gelangten. Nun erst wurden sie das Volk der großen Krieger, das oft weit nach Süden bis tief hinein nach Wyoming vordrang, aber sich auch starker Feinde erwehren mußte, vor allem seiner südöstlichen Nachbarn, den Crows. In das Jahr 1845, als sich die Indianer-Völker der nördlichen Ebenen kaum von den Auswirkungen der Pocken-Epidemie erholt hatten, wird eine der blutigsten Auseinandersetzungen gelegt. Damals überfielen Crows ein Lager der Blackfeet, töteten alle Männer und Knaben und schleppten zweihundert Frauen und Mädchen in die Gefangenschaft.

Als der weiße Mann nach Westen vorzudringen begann, waren die Blackfeet auf dem Höhepunkt ihrer Macht. Es gibt kaum Zeugnisse über die ersten Begegnungen und Kämpfe, aber diese Indianer wurden bald zum Abbild des blutrünstigen »Wilden«, der sich der Landnahme widersetzte und eine stete Gefahr für Wagentrecks und Siedler wurde. Noch nicht einmal ein halbes Jahrhundert nach der Expedition von Meriwether Lewis und William Clark, die ohne bemerkenswerte Ereignisse auch durch das Blackfeet-Gebiet geführt hatte, war dieses Volk, ausgezehrt durch Krankheiten und Scharmützel, stark geschwächt. Es mußte, ohne anwesend zu sein oder auch nur gefragt zu werden, den Vertrag von Fort Laramie 1851 hinnehmen, durch den ihm von der amerikanischen Regierung nur ein begrenztes Stück Land zugewiesen wurde, und dem es noch fast zwanzig Jahre lang Widerstand entgegensetzte. Bis schließlich die Reservation auf ihre heutige Größe schrumpfte – ein Bruchteil jener Region, die einst von den Blackfeet beherrscht worden war –, mußten sie drei weiteren Verträgen und einem »Agreement« zustimmen, in denen viel versprochen und nichts gehalten wurde. Inzwischen war freilich auch ihre Zahl auf knapp 3000 gesunken. Im Jahre 1903 ordneten die Behörden an, daß ein Zaun um die Reservation zu ziehen sei, der nur drei von Polizeireitern bewachte Eingänge hatte. Angeblich sollte dadurch verhindert werden, daß sich das Vieh der Indianer mit dem der weißen Rancher vermischte. Sechs Jahre später wurde er wieder entfernt.

Die Zeit der Demütigung fand erst 1934 durch den Indian Reorganisation Act ein Ende. Durch diesen Kongreß-Beschluß erhielten die Indianer, denen 1924 immerhin schon die Bürgerrechte der Vereinigten Staaten zugestanden worden waren, die Möglichkeit, eine eigene Verwaltung aufzubauen und ihr Leben selbst zu bestimmen. Die Blackfeet gehörten zu den ersten, die diese Chance nutzten. 1935 gründeten sie den Blackfeet Tribal Business Council mit einem Rat von zwölf – heute sind es neun – Männern, der bis jetzt die Geschicke Brownings und der Reservation lenkt. Noch einmal wurden die Indianer durch ein schweres Unglück heimgesucht, als 1964 durch eine große Flut über dreißig Menschen getötet und Hunderte obdachlos wurden. Doch diese Katastrophe machte auch die Öffentlichkeit auf die Not in der Reservation aufmerksam. Nun erhielt die kleine Gemeinschaft manche Hilfe. Inzwischen ist vor allem das Erziehungswesen – für Erwachsene und Kinder – so gut ausgebaut, daß fast alle Menschen in der Reservation Englisch sprechen und lesen können.

Und dennoch – Browning ist eine arme kleine Stadt, in der die Wunden, die in der Vergangenheit geschlagen wurden, noch lange nicht vernarbt sind. Wenn im frühen Herbst die letzten Touristen gegangen sind, senkt sich ein kaltes Schweigen über den Ort, und der Wind treibt den Schmutz über die Straße. Nur einmal im Jahr, in der zweiten Juli-Woche, wird noch einmal etwas von der alten Zeit lebendig: wenn sich zu den North American Indian Days Abordnungen von Stämmen aus den Vereinigten Staaten, Kanada und Mexiko treffen. Auch wenn manches hier nur noch Spektakel ist – es fehlt nicht die Wahl der Miß Blackfeet – und die bunt bemalten Zelte, die perlenbestickten Kleider und der Federschmuck der Männer den Blicken einer neugierigen Menge ausgesetzt sind, bringt dieses vom Klang der Trommeln und vom Geruch der Feuer durchdrungene Fest Erinnerungen zurück: an die Tage, da die Prärie noch ein weites offenes Land war, und an die Tage davor, da Na'pa, der uralte Mann, der von Süden kam und nach Norden ging, die Tiere und Vögel geschaffen hat, und die Berge und die Ebenen, die Bäume und das Gesträuch, die Wurzeln und Beeren. Und schließlich schuf er auf seiner Wanderschaft auch eine Frau und ein Kind, damit daraus ein Volk entstehe. Als er aber sah, daß die ersten Menschen von den Büffeln getötet wurden, lehrte er sie, Pfeil und Bogen als Waffe zu gebrauchen, und zuletzt zeigte er ihnen, wie man mit einem Stück Holz Feuer macht, um das Fleisch zu kochen. Na'pa wollte seinem Volk das ewige Leben geben, als er aber mit der Frau, die er geschaffen hatte, an einem Fluß stand, sagte sie: »Ich werde einen Stein ins Wasser werfen. Wenn er schwimmt, soll der Mensch ewig leben, wenn er aber sinkt, muß er sterben.« Und die Frau warf den Stein, der unterging. »Nun«, sagte der uralte Mann, »du hast deine Wahl getroffen. Es wird ein Ende sein mit den Menschen.«

Colorado, Wyoming, Montana – Stationen einer Reise

Tag um Tag nach Norden zu. Manchmal macht dieses schöne Land auch ängstlich, wenn die Weite zu groß und die Stille zu lastend wird, denn der amerikanische Westen ist noch immer fast leer. Zahlen machen dies deutlicher: Montana, zum Beispiel, ist über fünfzig Prozent größer als die Bundesrepublik Deutschland, aber es leben hier kaum mehr Menschen als in Frankfurt; Wyoming mit 252 000 Quadratkilometern hat nur 450 000 Einwohner; Colorado mit einer Fläche von 269 000 Quadratkilometern ist dagegen beinahe dicht besiedelt mit knapp über drei Millionen Menschen. Aber dafür gibt es Rinder und Schafe – in jedem der drei Staaten einige Millionen, die sich dennoch irgendwo im Gras verlieren. Sie sind der Reichtum des Westens – der sichtbare Reichtum, denn noch ist unter einer dünnen Erdkrume verborgen, was eine neue Zukunft verspricht: ungeheure Mengen Ölschiefer, Uran, Kupfer, Kohle, kostbare Mineralien. Deswegen heißen manche Orte einfach Petroleum, Natrona oder Silver City. Vielleicht, und einen solchen Gedanken mag man nicht ohne Erschrecken zuende denken, erlebt der Westen noch eine zweite Revolution, die gründlicher verwandeln könnte als jene, die erst vor gut einem Jahrhundert begonnen hat. Inzwischen allerdings mischt sich die noch junge Vergangenheit, in der die Prärie und die Flüsse, die Wälder und die Berge dem Menschen nutzbar gemacht wurden, mit der Gegenwart zu Bildern, die jedem eigenartig vertraut sind. Man findet hier die gewaltige Totale einer bis zum Horizont offenen Ebene wieder, mit der fast jeder Westernfilm beginnt; man sieht die großen Wolken an einem überdimensionalen Himmel, und im Herbst, wenn das Vieh zusammengetrieben wird, tauchen aus dem Staub Cowboys auf, die auf schnellen Pferden die Herde umrunden. Auf seltsame Weise ist diese Landschaft reale Geographie und irreale Kulisse, Wirklichkeit und Mythos, zivilisierter Boden und Wildnis. Und mit einem Mal wird die Entfernung zur Stadt, zur amerikanischen Stadt, die immer ein vollendetes technisches Kunstwerk ist, riesengroß. Mit dieser Entfernung verändert sich auch das Leben, denn auf dem Lande im Westen ist es nicht komfortabel und bequem, sondern herb, karg und so melancholisch wie die Lieder, die darüber gesungen werden. Lange Zeit war es auch politisch und sozial isoliert mit Folgen, die heute noch zu spüren sind. Die Menschen, die hier verloren in der Einsamkeit zuhause sind, sind rauh und wortkarg, konservativ, fromm, die schweigende Mehrheit Amerikas. Manches Mal äußern sich der Zorn und die Enttäuschung über diese Einsamkeit in extremen Reaktionen – zum Beispiel in Gillette, das im Osten Wyomings am Rande einer riesigen offenen Kohlengrube entstanden ist und der Wissenschaft Rätsel aufgibt durch das »Gillette-Syndrom«, einem überdurchschnittlichen Anwachsen psychischer und physischer Gewalt; oder in Butte in Montana, das von dreitausend Kilometern Stollen unterhöhlt und von einem giftigen Kupferglanz überzogen ist, wo selbst, als das ganze Amerika während der Prohibition tugendhaft ausgetrocknet wurde, der Alkohol weiter in Strömen floß und noch immer fließt – eine letzte Ausschweifung der vorwiegend slawischen und irischen Bevölkerung, weil diese Stadt langsam stirbt. Aber andererseits liegt über diesem Land auch ein tiefer Friede, und wären nicht die Weidezäune – Tausende Kilometer Zäune aus Stacheldraht – gäbe es hier auch noch die Freiheit, sich einfach einen Weg selber zu suchen durch dieses Meer aus Gras.

Denver war die letzte große Stadt auf dem Weg nach Norden. Für eine Weile noch war der Highway voll von Autos, aber nach und nach wurden die Zeichen menschlicher Präsenz immer weniger, bis sie schließlich nach der ersten Abzweigung von der großen Straße ganz ausblieben. Von nun an wurde die Continental Divide unser Wegweiser, ein leuchtendes Band von Gipfeln, das sich in weiten Bögen und Schwüngen hinzieht. Oft rückten die Berge ganz nahe, manchmal entfernten sie sich zu einer schmalen Silhouette. Dieses sich Annähern und Entfernen war wie ein Spiel, bestimmt von den Irritationen durch eine Luft von unglaublicher Klarheit, in der Distanzen zu einer täuschenden Nähe werden. Schon der Entdecker Zebulon Pike ist so verwirrt worden, als ihm Gipfel greifbar nahe schienen, die er nach fünftägigem Fußmarsch noch immer nicht erreicht hatte.

Ich weiß nicht mehr, wie oft wir die große Grenze der Kontinentalen Wasserscheide überschritten haben, die sich hier steil aufbaut und dort nicht mehr ist als ein breiter Buckel – blanker Fels oder eine grüne Woge aus Engelmann-Fichten. Aber ich erinnere mich an weite Blicke von der Höhe herab auf das Land, das die Amerikaner »spacious« nennen – so groß wie ein Weltraum und genauso unergründlich. Bei einem solchen Blick drängen sich die Gedanken daran auf, welche Mühe es gekostet hat, die Prärie zu erobern und urbar zu machen, wieviel Hoffnungen hier zerbrochen sind, und daß dies eigentlich kein Platz für romantische Gefühle ist, die so oft beschrieben und abgebildet worden sind, sondern nur ein Platz der Auseinandersetzung und des Ringens um die Existenz. Die Ranches, die hinter einem hölzernen Tor weitab von der Straße liegen, sind zwar für europäische Verhältnisse groß wie Königreiche, aber ihr Gewinn reicht oft gerade nur aus, die Kosten zu decken. Cowboy zu sein ist fast ein Beruf am Rande der Gesellschaft mit geringem Lohn und wenig Ansehen. In der Bar von Dubois in Idaho saßen wir mit den Männern zusammen, die ihren Hut nicht abnahmen und das eiskalte Bier aus der Büchse tranken. Sie waren nicht, wie man hätte meinen können, über die Weiden geritten, sondern mit einem großrädrigen Lastwagen gekommen, der heute mehr und mehr das Pferd ersetzt. »Von dem kannst du nicht runterfallen, wenn du betrunken bist«, sagte einer von ihnen und lachte. Aber auch wenn sie über ihren »verdammt harten Job« fluchten – es hörte sich an, als ob sie dieses widerborstige, stachlige und staubige Land liebten und nirgendwo anders glücklich sein könnten. Doch auch auf den, der nicht hier zuhause ist, übt es eine starke Anziehung aus. Manchmal sind wir einfach irgendwo stehengeblieben, um die Stimmen der Einsamkeit zu hören – den Schrei des Bussards oder das Rascheln des Präriehundes – oder um das zu sehen, was knapp über der Erde wächst und blüht. Dann wurde die Ahnung Gewißheit, daß man sich an dieses Land verlieren kann und es den nicht mehr losläßt, den es einmal ergriffen hat.

Natürlich sind es die großen Attraktionen der Nationalparks in den Rocky Mountains, die zuerst Besucher in den Westen Amerikas ziehen, in den Yellowstone Park vor allem, und die scheinbar gleichförmigen Grasflächen davor sind vielen kaum einen flüchtigen Blick wert. Aber gerade diese bieten die Einsicht, daß die Vereinigten Staaten nicht allein eine urbane Nation sind und daß es hier draußen eben keine Gemeinsamkeiten gibt mit den Broadways, den Wolkenkratzern und dem Netzwerk der Schnellstraßen. Man meint zu spüren, daß hier nicht nur das eigentliche Herz Amerikas ruhig, stetig und ohne Erregung schlägt, sondern auch seine Geschichte deutlicher wird, weil die gut zwei Menschenalter, die seit der Erschließung des Territoriums zwischen Mississippi und den Rocky Mountains vergangen sind, die Spuren der Vergangenheit noch nicht verwischen konnten. In Augusta, einer kleinen Ortschaft in Montana, zeigte mir eine Frau Bilder ihres Großvaters, der als erster dort, wo nichts war, ein Holzhaus und einen Drugstore gebaut hatte, und vergilbte Fotos, die zeigten, wie langsam ein Dorf an einer schlammigen Straße gewachsen ist. Sie sprach davon, als sei es gestern gewesen, daß Wege für das Feuerroß und der Flüsternde Draht durch die Prärie gelegt wurden und Menschen ihre Träume auf schweren Karren bis zu dieser trostlosen Endstation geschleppt haben. In Pavillion, mitten in der Wind River Reservation gelegen, erzählte mir ein alter Indianer mit vor Erregung zitternder Stimme vom Leben der Schoschonen, als sei die Zeit nicht versunken, in der sein Volk frei und ungebunden lebte.

Das ganze Land ist voll von solchen frischen Erinnerungen: durch die großen »Historical Marker«-Schilder am Straßenrand, durch Orte mit assoziativen Namen wie Winchester, Pahaska, Emigrant oder Medicine Bow, in denen man freilich vergebens nach historischen Beziehungen sucht, durch Übergänge in den Bergen, die Beartooth oder »Trail above the Eagles«, Togwottee oder Colter heißen, durch Plätze, an denen als Dekoration erhalten ist, was einmal war – die Goldgräbersiedlung Virginia City zum Beispiel, die die erste Hauptstadt Montanas war und nun als Geisterstadt weiterlebt –, oder durch Fabeln über die schmutzigen Helden des Wilden Westens, die schießend und raubend von Ort zu Ort zogen, als es hier nur ein Recht gab, das Recht des Stärkeren. Wer sich nicht die Mühe machen will, aus einzelnen Steinchen ein Mosaik des Westens zusammenzusetzen, findet es gesammelt im Buffalo Bill Historical Center von Cody, in dem nicht nur die heroische Legende des Soldaten, Nimrods und Direktors eines Western-Zirkus, William F. Cody, in unzähligen Reliquien dargestellt, sondern mit großer Sorgfalt auch die indianische Kultur dargestellt wird, und in den Bildern von Frederic Remington, Charles M. Russell oder Albert Bierstadt die Vergangenheit als dramatische Szene erhalten ist. Es ist eine der vielen Paradoxien des Westens, daß es fließende Übergänge gibt zwischen der Welt des weißen und des roten Mannes, die einander so fremd sind. Ein Besuch im Museum erspart auch die verwirrende Erfahrung, daß Nachforschungen nach dem alten Amerika durch Doubletten unsicher werden: Laramie in Wyoming sieht nicht viel anders aus als Montanas Hauptstadt Helena – abgesehen von einer Liliputausgabe des Weißen Hauses in Washington die gleichen Einfall- und Ausfallstraßen, die gleichen, nachts in einem ordinären Licht glänzenden Leuchtreklamen, die gleichen Wohlstandshäuschen; die Straße von Rawlins nach Lander ist genauso gerade wie die von Big Timber nach Moore; die Ebene Colorados hat die gleiche Farbe wie die Ebene an der kanadischen Grenze.

Es war eine lange Reise vom Rocky Mountain Nationalpark über den Grand Teton und Yellowstone Park hinauf zum Waterton/Glacier International Peace Park. Was dazwischen liegt, lebt ein eher verborgenes Dasein – es ist schön in aller Heimlichkeit. Es ist ein Vorteil der Nebenstraße, daß sie auch dieses berührt, zu einer langsameren Annäherung zwingt, die Sinne schärft für die kleinen Dinge am Wege und spüren läßt, wie weit das Land wirklich ist. Deswegen haben wir uns etwas umständlich fortbewegt – nicht auf dem schnellen Highway Nr. 25, der gerade nach Nordwesten führt, sondern in Windungen durch das westliche Wyoming, durch das Great Divide Basin – auch Rote Wüste genannt – und über die Green Mountains, zum Earthquake Lake hin, wo sich erst vor einigen Jahren die unruhige Erde rührte und ein tiefes, von Wasser zugeschüttetes Loch zurückließ, aus dem tote Bäume ragen; dann ein Stück durch Idaho zwischen Äckern hindurch, die hohen Wellen ähneln, bis hinauf an die kanadische Grenze, über die ein kalter arktischer Wind wehte. Wir haben in Rawlins mit Truckern und im Town-Cafe von Gardiner mit Holzfällern an einem Tisch gesessen, von denen jeder sein eigenes Amerika im Kopf hatte – die einen das Amerika der Straßen und die anderen das der tiefen schweigsamen Wälder – und die sich dennoch ähnlich waren: durch ihre Hände und ihre Gesichter, durch die Jeans und die großkarierten Hemden, die letzten der Pioniere. Wir sind durch schläfrige Siedlungen gekommen – dreiunddreißig oder achtundsiebzig Einwohner –, die gerade den Winter von sich schüttelten, und überall fanden wir die großen Ansichten, die jedesmal ein neues Staunen über den Westen herausforderten.

Vielleicht lag es an der Jahreszeit, daß dieses Land so eindringlich war. Jetzt waren die Berge noch weiß eingehüllt vom letzten Schnee, an den Rändern der Bäche wuchs ein rotes Gestrüpp, das wie Feuer leuchtete, und der Himmel war tiefer blau, als man ihn sich ausmalen kann. Es ist anders als im Sommer, wenn eine schmerzhaft brennende Sonne über den Ebenen liegt und der Wind durch ein verbranntes Gras fährt. Im Frühling ist das Land weniger hoffnungslos, es ist nicht so uralt und schwermütig – und ganz leise auch dort, wo sich in der Saison die Menschen drängen. Im Teton Park war der Jackson Lake noch von keinem Boot berührt, im Yellowstone hatten sich die Büffel auf die warme Straße gelegt, und der berühmte Geysir Old Faithful gab seine Vorstellung für eine Horde von Murmeltieren und fünf fröstelnde Menschen. Im Glacier Park schwamm Eis auf den Seen und die Pfade in die Berge, die schlüpfrig waren vom sanft versickernden Wasser, hatte in diesem Frühjahr noch niemand betreten. Manchmal versperrten Hügel von Schnee die Straßen – die Welt war einfach irgendwo zuende. Dennoch schien uns dieses Land mild und freundlich, ohne die Härte, die jene Männer gespürt haben müssen, die als erste bis hierher vorzudringen wagten. Nur einmal zeigte die Natur ihre wilde Unberechenbarkeit, als wollte sie beweisen, daß sie noch immer nicht gefesselt ist: Auf dem Weg zurück in die Ebene hatten sich die Wolken zu einem schwarzen Gebirge zusammengeballt, aus dem plötzlich ein Schnee herunterstürzte, der in Minuten die Prärie in eine weiße, mysteriöse Landschaft verwandelte, während sich auf den Weiden die Kühe zusammendrängten und mit ihren dampfenden Leibern die Kälber schützten. Als der Sturm, so jäh wie er gekommen war, sich wieder gelegt hatte und Nebelfetzen von der eiskalt berührten Erde aufstiegen, war die Luft voll von den Stimmen der Vögel, die sich zu Hunderten am Rand der Straße gesammelt hatten.

Joe Arnold jr., Alan Carey, Paul Chesley,
Nicholas DeVore, Halle Flygare, Jeff Foott,
Michael H. Francis, James Frank, Robert C. Gildart,
Fritz Hohermuth, Tom Mangelsen, Tom Pittenger,
Walter H. Saenger, Ron Shade, Dan Tyers

Titelbild: Fritz Hohermuth
Vorsatz: Rick Graetz

Die Nationalparks in Bildern

Wind und Wetter haben das Erscheinungsbild der Konifere auf einem Gipfelhang des Eagle Cliff Mountain (2715 m) geprägt, der den Blick über die Beaver Meadows und dicht bewaldete Moränenhügel auf die Mummy-Bergkette freigibt.

Rocky Mountain

Der Mount Chapin (3796 m) spiegelt sich im stillen Wasser eines durch Überflutung des Lawn Lake im Jahre 1982 entstandenen, noch unbenannten Sees wider.

Der Wanderer auf dem Fern Lake Trail hält auf dem hölzernen Steg über den hier zwischen engen Felsbarrieren hindurchrauschenden Big Thompson River inne. Noch vermögen die ersten Strahlen der Frühjahrssonne die Eiszapfen nicht zu schmelzen.

Rocky Mountain

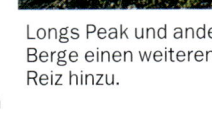

Langohrige Maultierhirsche halten sich im Sommer zumeist in höheren, offenen Regionen auf und ernähren sich von Buschwerk und breitblättrigen Pflanzen. Im Herbst und Winter ziehen sie auf Nahrungssuche in die Täler.

Gelegentlich fangen sich Wolken weit unterhalb der Trail Ridge Road im Forest Canyon und fügen dem Ausblick auf die entfernten Gipfel des Longs Peak und anderer Berge einen weiteren Reiz hinzu.

Vor Urzeiten geformte Felsbrocken in der Trail Ridge Hochgebirgstundra neben zarten Gräsern und Blumen, die oft nur einen Tag lang blühen.

Rocky Mountain

Der Berghüttensänger ist im Sommer hier ein gern gesehener Gast.

Der Haarspecht, hier auf der Suche nach Insekten, hackt im Frühsommer Nisthöhlen in Baumstämme, vorzugsweise in das weiche Holz von Espen.

Was tagsüber der Hühnerhabicht in den Wäldern der montanen Zone des Parks ist, das ist zur Dämmerung und nachts der Virginia-Uhu, der dank seiner Größe und Kraft in der Lage ist, Säugetiere bis zur Größe eines Stinktieres zu schlagen.

Rocky Mountain

Der Bear Lake mit seinem kristallklaren Wasser und den gewaltigen Felsbrocken ist einer der am häufigsten besuchten Hochgebirgsseen. In den frühen Morgenstunden, wenn die aufgehende Sonne den Nebelschleier durchdringt, zeigt er sich von seiner schönsten Seite.

Die Akelei (Blaue Columbine) gehört seit 1925 zu den geschützten Pflanzen. Sie ist infolge ihrer wilden Schönheit schon seit Ende des vorigen Jahrhunderts die »Staatsblume« von Colorado.

Ein alpiner Hahnenfuß auf der Tombstone Ridge; er bildet seine strahlende Blüte, sobald der Schnee geschmolzen ist.

Rocky Mountain

Herbstliche Färbung im
Horseshoe Park mit den
Bergen der Mummy
Range.

Weidenzweige über
einem der vielen von
Bibern aufgestauten
Teiche im Gebiet des

Hidden Valley mit dem
Fairchild Mountain
(4115 m) im
Hintergrund.

Rocky Mountain

Der Longs Peak strahlt die ganze Kraft der Rocky Mountains wider und ist mit 4345 Metern der höchste Gipfel des Nationalparks.

Die mächtige Ponderosa-Kiefer mit ihrer gewaltigen Krone dominiert in der montanen Vegetationszone. Sie breitet sich von den Vorgebirgen der Rocky Mountains bis zu einer Höhe von etwa 2700 Metern aus.

Rocky Mountain

Skiwandern wird im Rocky Mountain Nationalpark immer populärer.

Starke Winde und Temperaturen weit unter dem Gefrierpunkt halten den echten Wintersportler nicht von seinem Vergnügen ab.

Während diese Skiläufer im Schneegestöber noch atemlos am Rand des gefrorenen Dream Lake verharren, gibt der abklingende Sturm den

Blick auf die massiven Klötze des Hallett Peak (3875 m) und des Flattop Mountain (3756 m) frei.

Rocky Mountain

Herbstlich gefärbte Espen zwischen Felsbrocken auf den »Glacier Knobs« genannten Hochplateaus vor den sturmgepeitschten Gipfeln und schroffen Bergmassiven des Hallett Peak und Flattop Mountain.

Der Herrschaftskampf von Widdern ist eines der spektakulärsten Schauspiele der Natur; das Krachen zusammenprallender Hörner kann noch in einigen Meilen Entfernung gehört werden.

Der Wapiti – hier ein Hirsch von majestätischer Statur – ist das zweitgrößte Mitglied der Hirschfamilie. Im Sommer sind diese geselligen Tiere gewöhnlich in den höheren Bergregionen anzutreffen. Mit dem ersten Schnee schließen sie sich zu großen Rudeln zusammen, um in die schneearmen grasreichen Täler zu ziehen.

Dudelsackpfeifer und Trommler marschieren während der Parade des »Scottish Highland Festival« auf der Elkhorn Avenue, der Hauptgeschäftsstraße des Städtchens Estes Park am östlichen Rand des Nationalparks.

Das »Old Timers Rodeo« in Estes Park ist eine der vielen anderen Attraktionen, die auch den Besuchern des Nationalparks geboten werden.

Im Jahre 1984 feierte das »Coors Bicycle Classic«-Amateurrennen, an dem seit einigen Jahren auch Sprinter anderer Bundesstaaten und Nationen teilnehmen, sein zehnjähriges Jubiläum. Davis Phinney erreicht die Ziellinie in Estes Park als erster, dicht gefolgt von Ron Kiefel.

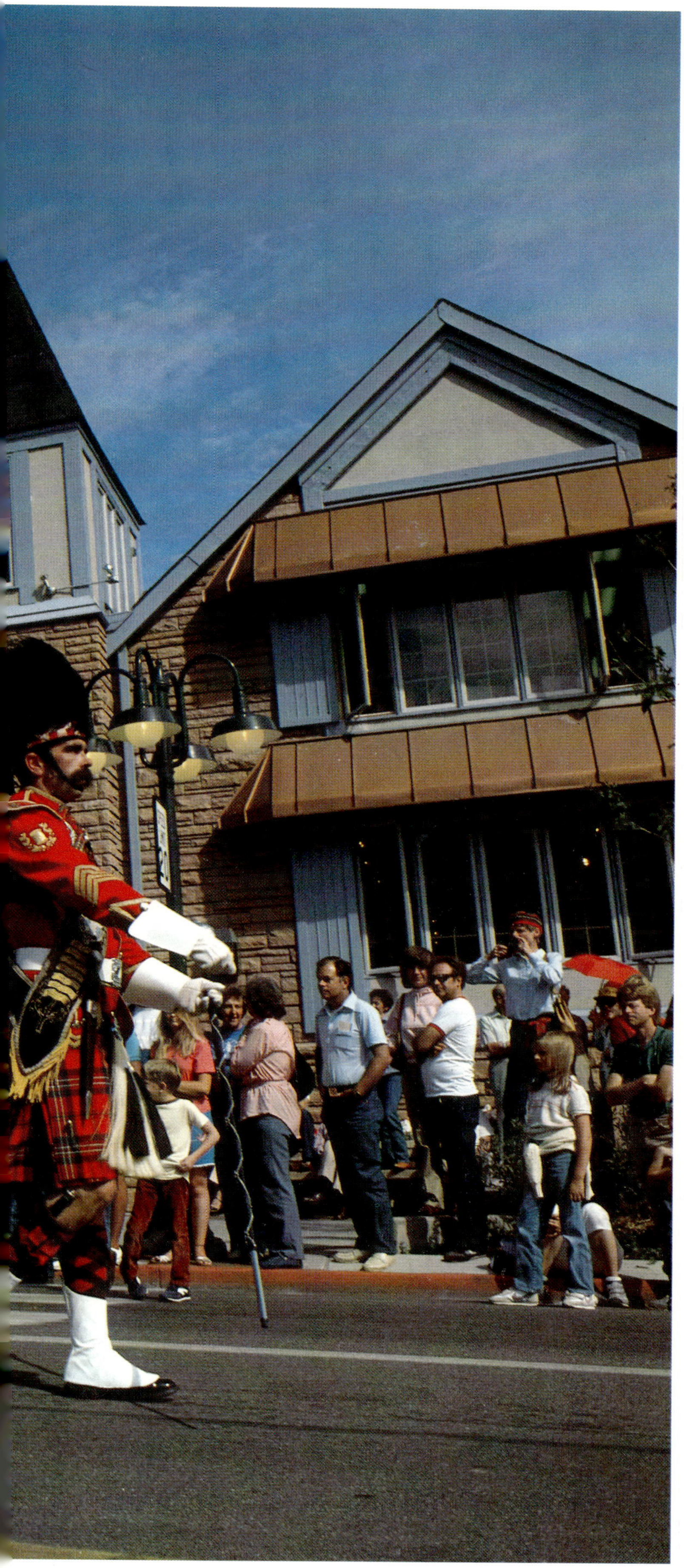

BICYCLE CLAS
-ELEVEN
Coors CLASSIC
FRONTIER
ESTES PARK

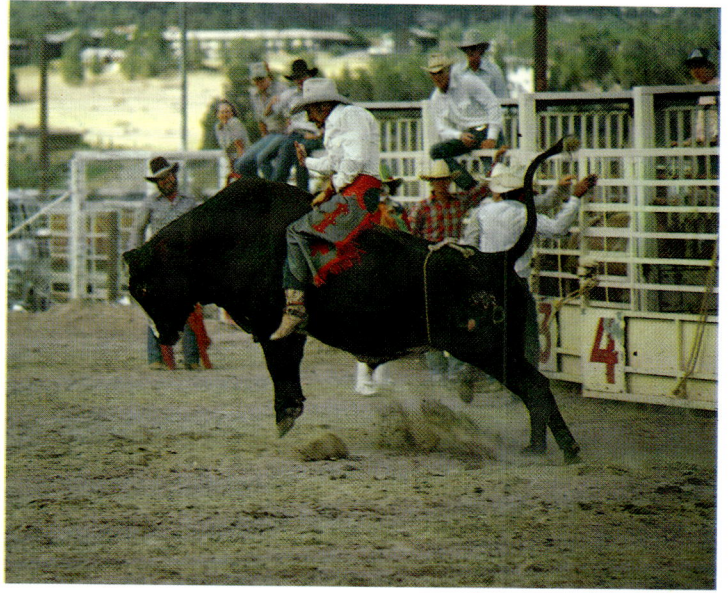

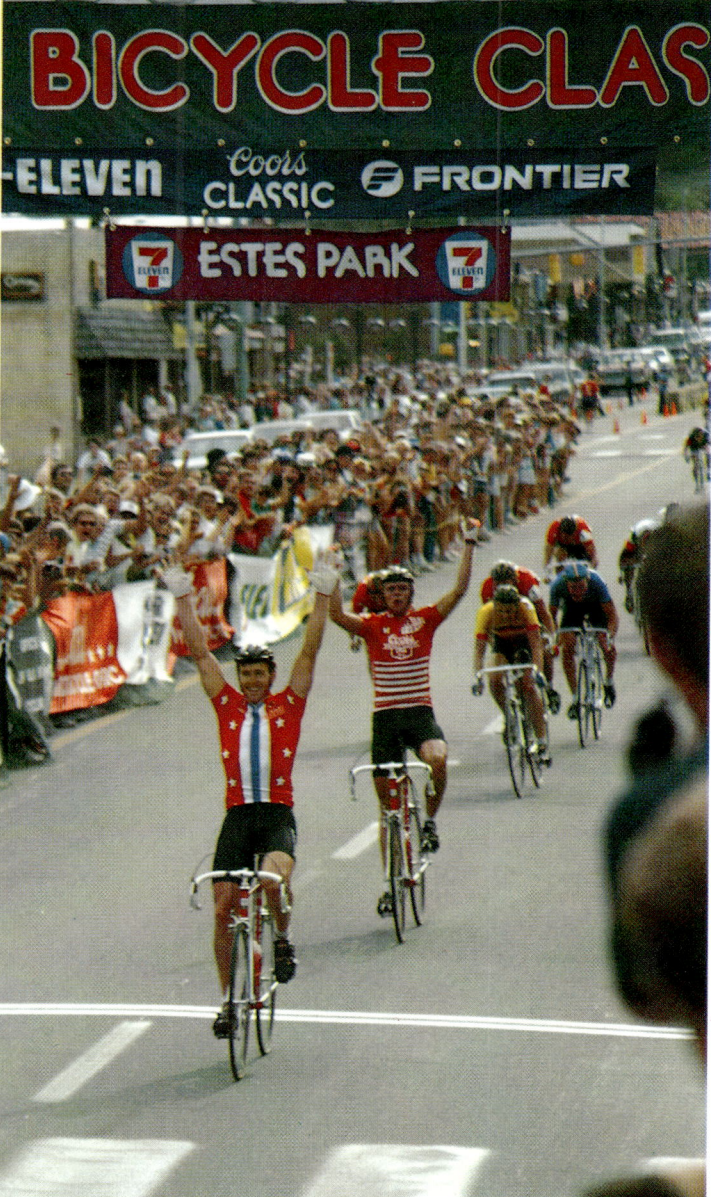

Grand Teton

Die zackigen Gipfel des Teton-Gebirges erheben sich abrupt aus der von Steppen-Beifuß durchsetzten Hochebene des Jackson Hole. Je nach Tageszeit und Wetter wechseln die Farben der Berge von Rosa über Lavendel bis zu einem tiefen Grau und – bei Vollmond – zu einem gespenstischen Nachtweiß. Die Schneefelder bleiben das ganze Jahr über erhalten. Die höchsten Berge sind der South Teton (3814 m), Middle Teton (3903 m), der Grand Teton (4197 m), daneben Mount Owen (3940 m) und der Teewinot Mountain (3757 m), sowie der weiter nördlich gelegene Gipfel des Mount Moran (3842 m).

Trotz ihres Gewichts von bis zu 450 Pfund sind Schwarzbären gewandte Kletterer. Ihr Fell variiert von Schwarz bis Zimtfarben, und weiße Flecken auf der Brust sind nichts Ungewöhnliches.

Lichte Espenhaine in der Nähe von Gebirgsquellen zeichnen sich durch eine üppige und reich blühende Bodenvegetation aus.

Der Jackson Lake, größter See des Grand Teton Nationalparks, bietet Segeltörns vor der großen Kulisse des Teton-Gebirges und die

Möglichkeit, das Mittagessen selbst zu angeln.

Über dem dunstverschleierten Jenny Lake steigt die »Cathedral Group« auf, nämlich der Grand Teton, Mount Owen und der von

Schoschonen »Tee-win-ot« genannte Berg der Vielen Zinnen.

Grand Teton

Bergsteiger-Camp über dem Garnet Canyon.

Zu den beliebtesten Sommer-Aktivitäten nahe dem Grand Teton Nationalpark gehören

Schlauchbootfahrten auf dem weißschäumenden Wildwasser des Snake River.

Es gehört nicht nur Geschicklichkeit, sondern auch eine gute Portion Mut dazu, sich mit dem Kajak durch das

Wildwasser des Snake River zu kämpfen.

Grand Teton

Das Granitmassiv des Teton-Gebirges eignet sich ausgezeichnet zum Bergsteigen, wie hier am Teepe Pillar in 3700 Metern Höhe. Es hat die Tetons neben den Gipfeln der Sierra Nevada im Yosemite Nationalpark zum beliebtesten Bergsteigerziel Amerikas gemacht. Der Teton-Gletscher liegt eingebettet zwischen den Felszinnen des Grand Teton und Mount Owen.

Grand Teton

Farbsymphonie der Rocky Mountains: das Grün von Sommer-Espen, die Rot-, Orange- und Gelbtöne von Herbst-Weiden und Espen unter dem strahlendblauen Septemberhimmel.

Grand Teton

Im südlichen Grand Teton Nationalpark und darüber hinaus wird Rinderzucht und -haltung betrieben. Cowboy sein heißt hier: Fest im Sattel sitzen und einem arbeitsreichen Tag Freude abgewinnen können.

Schon im August können Fröste eine Weide in den frühen Morgenstunden oder einen Sattel, der des Nachts nicht bedeckt war, weiß überziehen.

Grand Teton

In allen Nationalparks Nordamerikas wird der Natur freier Lauf gelassen: Ein Coyote reißt begierig die letzten Fleischfetzen aus dem Kadaver eines jungen Dickhornschafes, das, geschwächt durch eine Beinverletzung und tiefen Winterschnee, kurz zuvor von einem Coyotenrudel gerissen wurde.

Pronghorns, oder Gabelantilopen, ausschließlich in Amerika beheimatet, im Spätwinter auf den Antelope Flats der Jackson-Hole-Ebene. Sie sind mit ihrer Laufgeschwindigkeit von bis zu 100 Stundenkilometern die schnellsten Säugetiere Nordamerikas.

Yellowstone

Die leuchtenden Färbungen des Morning Glory Pool, einer heißen Quelle im Oberen Geysirbecken, entstehen durch im heißen Wasser sich bildende Algen.

Der Lone-Star-Geysir, vom berühmten Old Faithful nur vier Meilen den Firehole River stromauf entfernt, ist, wie die anderen Geysire auch, eine heiße Springquelle, die in meist regelmäßigen Zeitabständen – beim Lone Star etwa alle drei Stunden – ihr Wasser auswirft. Diese Eruptionen erfolgen, wenn das sich in einem unterirdischen Hohlraum sammelnde Wasser so stark erhitzt wird, daß der Dampfdruck den oberen Teil der Wassersäule durch den engen Quellschlot hinaustreibt. Im Wasser gelöste Mineralien lagern sich hierbei in den unterschiedlichsten Formen als Sinter um die Quelle ab.

Der Great-Fountain-Geysir im Unteren Geysirbecken ist nur einer von etwa 300 aktiven Geysiren, von denen jeder einen anderen Charakter besitzt.

Yellowstone

Türme aus erodierter Breccie gaben den 40 Meter hohen Tower Falls, die kurz vor der Mündung des Tower-Baches in den Yellowstone River tosend hinunterstürzen, ihren Namen.

Stille Bergseen wie dieser im Lamar Valley sind der Landschaft schönster und friedlichster Ausdruck.

Zwei Bergwanderer kehren über die sanften Hänge des in der Absaroka-Bergkette gelegenen Parker Peak (3110 m) in die Hochebene zurück. Die Bergrücken erlauben freie, fast endlose Fernsicht. Hochgebirgszone und alpine Matten zeigen sich in zartem Sommerkleid. Während einer Verschnaufpause studiert Angela Jones anhand einer Karte den weiteren Verlauf ihres Wanderweges. Wildniswandern ist die beste Art und Weise, die natürlichen Schätze des Yellowstone Parks kennenzulernen.

Yellowstone

Nashornpelikane suchen Fischnahrung an der Einmündung des Pelican Creek in den Yellowstone-See. Die Kulisse bilden die schneebedeckten Berge der Absaroka Range mit dem Grizzly Peak (3032 m), Top Notch Peak (3121 m), dem Mount Doane (3248 m) und Mount Stevenson (3155 m). Der Eagle Peak ist mit 3462 Metern die höchste Erhebung des Parks.

Der Nashornpelikan hält sich im Yellowstone Park von März bis August auf und nistet hier. Er schöpft seine Nahrung, vorzugsweise Forellen, mit dem Schnabelsack aus dem Yellowstone-See und dem Yellowstone River.

Trompeterschwäne, die jetzt auch in Nordamerika unter Naturschutz stehen, sind die größten ihrer Gattung. Sie sind hier zumeist auf den größeren Seen, in den »Potholes« des Lamar-Tales, sowie auf dem Yellowstone- und Madison-Fluß, wie abgebildet, anzutreffen.

Yellowstone

Bisons (Büffel) sind eines der erfolgreichsten Kapitel in der Geschichte des Yellowstone Nationalparks. Hier standen sie unter Schutz, während sie überall sonst in Nordamerika bis zur Ausrottung gejagt wurden. Diese Wildrinder mit mächtigem Buckel, Bart und Mähne machen sich vor dem verschneiten Hintergrund des Lamar-Tals besonders wuchtig aus. In den ersten beiden Mai-Wochen werden die Kälber geboren, auch wenn dann noch hoher Schnee liegt.

Yellowstone

Der Flußotter – hier eine ganze Familie – ist der Wasserclown des Yellowstone Nationalparks. Seine stromlinienförmige Gestalt, seine mit Schwimmhäuten versehenen Füße und das dichtanliegende Fell ermöglichen ihm geschmeidig gleitendes und schnelles Schwimmen. Fische, wie hier eine Bachforelle, Schnecken und Krebse sind seine Nahrung.

Rotluchse, wie auch der Kanada-Luchs, jagen tagsüber und auch nachts hauptsächlich Schneehasen.

Winterwunderland im West-Thumb-Geysirbecken!

Yellowstone

Motorisierte
Schneekutschen – wie
hier in der Nähe von
Norris – können bis zu 13
Personen befördern und
verkehren auf den
meisten Straßen im
Yellowstone Park,
während nur zwei für den
Autoverkehr geräumt
werden, nämlich die
Straße zwischen
Gardiner und Mammoth
Hot Springs und von dort
weiter zum Nordostportal
und Cooke City.

Während eines
Schneesturms geben
Markierungsstangen den
Fahrern von
Motorschlitten
unersetzliche
Orientierungshilfe.

Ein noch anderes
sportliches
Fortbewegungsmittel ist,
sofern man hat, das
Hundeschlitten-Gespann.

Die durch Heißwasseralgen bunt gefärbten Travertin-Treppen der Mammoth Hot Springs entstehen dadurch, daß das Wasser auf seinem Weg an die Oberfläche durch Kalkstein-Kammern steigt und die mitgeführten Mineralien zu Baumaterial dieser Terrassen werden. »Hotpotting« ist das Wort für das vergnügliche Winterbad im Freien, wie hier im Boiling River, in dem sich Wasser aus einer der heißen Quellen mit kaltem Wasser mischt. Das Baden in heißen Quellen und ihren Abflüssen ist natürlich nicht erlaubt.

Ein Elchbulle von imposanter Statur in den herbstlichen Gefilden einer der unzähligen Marschen im Yellowstone. Vor allem ausgewachsene Bullen sind häufig außerhalb der Paarungszeit solitär. Der Lebensraum der Elche erstreckt sich von den Talauen bis zur Baumgrenze.

Der Grizzly ist nach dem Kodiak-Bären der größte Bär Nordamerikas. Die Farbe seines Fells ist zumeist braun; ähnlich wie beim Schwarzbären gibt es jedoch Felltönungen von Schwarz bis Gelblich. Dieser Grizzly, der nervös das Nahen eines anderen Bären erwartet, hat silbrig gefärbte Haarspitzen und wird deshalb »silver-tipped« genannt.

Yellowstone

Die gewaltigen Lower Falls des Yellowstone-Flusses donnern über einen Vorsprung harten Gesteins 94 Meter tief in den »Grand Canyon of the Yellowstone«, einer 32 Kilometer langen und bis zu 450 Meter tiefen V-förmigen Schlucht mit bizarren Formationen und Felssäulen, die der Fluß im Laufe der Zeit in das weniger resistente Vulkangestein gegraben hat. Die überwiegend gelblichen, manchmal rosafarbenen und braunen Canyon-Wände verdanken ihre phantastischen Färbungen den chemischen Veränderungen von Eisenmineralien durch Wasser und durch die aus Fumarolen austretenden Dampffontänen.

Nahebei liegt auch die Specimen Ridge, ein nur zu Fuß erreichbarer Bergrücken, in dem Lagen ganzer Wälder begraben sind, verschüttet durch Asche und Staub von Vulkanausbrüchen vor 50 Millionen Jahren, die jetzt versteinert sind. Stümpfe der jüngsten Lagen ragen heute meterhoch aus dem Boden.

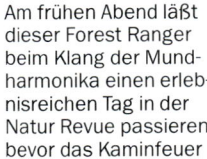

Am frühen Abend läßt dieser Forest Ranger beim Klang der Mundharmonika einen erlebnisreichen Tag in der Natur Revue passieren, bevor das Kaminfeuer entzündet wird.

Die »Bull Moose« genannte Blockhütte ist eine der vor Jahrzehnten vom und für den U.S. Forest Service errichteten Patrouillen-Stationen. Sie steht in der Absaroka Beartooth Wilderness, ein nördlich an den Yellowstone Park angrenzendes Land voll wilder Natur, dessen schneebedeckte Gipfel vom Beartooth Highway ab Nordostportal des Nationalparks bewundert werden können.

Forstaufseher Pat Hoppe führt Packpferde durch das Slough Creek Valley zurück zur Ranger-Station an der Tower Junction, nachdem er eine Patrouille in einer entlegenen Region mit Lebensmitteln und anderen Vorräten versorgt hat.

Yellowstone

Der kristallklare Bechler-Fluß windet sich mit seinen Ausbuchtungen durch die üppige Vegetation der sumpfigen Bechler Meadows im Südwesten des Yellowstone Parks. Dieses Gebiet ist Lebensraum vieler Säugetiere sowie kleiner und großer Vögel.

Der Dachs ist Mitglied der Marderfamilie. Seine Beute besteht hauptsächlich aus Zieseln, Mäusen sowie Vögeln und ihren Eiern; er frißt aber auch Insekten. Der ausgewachsene Dachs hat wenig natürliche Feinde. Wenn angegriffen, zieht er sich – wenn möglich – unter die Erde in seinen Bau zurück. Muß er aber kämpfen, gibt er niemals auf.

Ende Mai oder Anfang Juni kalben die Hirschkühe. Die Kitze werden ohne jeglichen Eigengeruch und mit weißen Flecken geboren, die ihnen als Tarnung vor Feinden dienen.

Yellowstone

Angeln ist für viele
Besucher des Parks
eines der schönsten
Hobbys und besonders
erfolgreich am frühen
Morgen.

Sonnenuntergang,
begleitet von schweren
Regenschauern, über
dem westlichen
Yellowstone-See, der mit
einer Uferlinie von 160

Kilometern und einer
Höhenlage von 2357
Metern ü. NN der größte
Hochgebirgssee
Nordamerikas ist.

Brandwache in 2600 Metern Höhe auf dem windgepeitschten Gipfel des Swiftcurrent Mountain in strategisch idealer Lage: Von hier aus können im Hundert-

Meilen-Radius alle auch noch so kleinen Anzeichen von Waldbränden gesichtet und gemeldet werden.

Ein klassisches

Bergpanorama des Glacier Nationalparks. Im Vordergrund zieht sich der Sperry-Gletscher die steile Felswand der Continental Divide hinab ins Tal. Die wichtigsten

Gipfel von links nach rechts: Mount Cannon (2729 m), Bearhat Mountain (2647 m) und Mount Oberlin (2493 m) auf der westlichen Seite – Mount Gould, Reynolds

Mountain und Mount Siyeh (3052 m), dann das mächtige Massiv des Going-to-the-Sun Mountain (2939 m) sowie der scharfe Kamm des Fusillade Mountain

(2666 m) und der St. Mary Lake im Osten der Kontinentalen Wasserscheide.

Das Alter der Dickhornschafwidder läßt sich anhand der Wachstums-Segmente seiner gewundenen Hörner bestimmen.

Dieser kapitale Widder ist sechs Jahre alt, besitzt gut ausgebildete Hörner und hat eine alte Kampfnarbe an der Nase.

Grizzlybären können bis zu 900 Pfund wiegen, obwohl sie hier im Glacier Park selten ein Gewicht von 500 Pfund überschreiten. Sie sind nur in abgelegenen, schwer zugänglichen Regionen anzutreffen. Ähnlich wie bei den Schwarzbären ist ihr Verhalten oft unberechenbar, und sie können für Menschen, die ihnen zu nahe kommen, gefährlich werden.

Der Heavens Park, die Himmelsspitze, erhebt sich auf der Westseite der Continental Divide im Glacier Park bis auf 2739 Meter Höhe.

Wildblumen wie die Castilleja, eine artenreiche Gattung mit auffälligen roten oder gelben Blütenständen, sind der zarte Kontrast zu der schroffen Felsbarriere der messerscharfen Garden Wall, die hier in fast 2800 Metern Höhe die Kontinentale Wasserscheide bildet.

Die Hundszahnlilie wächst an der Schneegrenze in der subalpinen Zone. Indianer haben sie früher als Nahrung benutzt, der moderne Bergwanderer zieht es heute vor, sich von ihrer zarten Schönheit bezaubern zu lassen.

»Bärengras« ist kein Gras, sondern ein Liliengewächs mit cremefarbenen, leuchtenden Blütenständen. Mit den ersten Frühlingsblüten in den Tälern wandert es mit der Schneegrenze bis zum Sommer auch in die höheren Regionen und entfaltet erst in der subalpinen Zone seine volle Pracht. Bären benutzen die Blütenblätter zum Ausstaffieren ihrer Winterhöhlen.

Der Chief Mountain am Osthang der Rocky Mountains auf dem Gebiet des Glacier Parks ist ein einzeln stehender Kalkstein-Turm von 2763 Metern Höhe, bei dem die sogenannte Lewis-Overthrust-Verwerfung älteres Gestein über jüngeres gelagert hat. Indianer verschiedener Stämme verehren diesen Berg seit langer Zeit, und er ist heute noch Mittelpunkt verschiedener zeremonieller Handlungen.

Da Schneeziegen vornehmlich in unzugänglichen, steilen und zerklüfteten Hochgebirgsregionen leben, sind sie auch nur selten zu sehen. Manchmal tauchen sie auf hohen Felsvorsprüngen entlang der Going-to-the-Sun Road auf, und gewöhnlich kann man sie auch an »The Goat Lick« genannten Tonklippen beim Highway 2 jenseits der Südgrenze des Glacier Parks antreffen, wo sie lebenswichtige Mineralstoffe zu sich nehmen. Die Schneeziege ist das Symbol dieses Nationalparks.

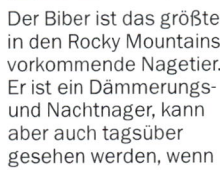

Der Biber ist das größte in den Rocky Mountains vorkommende Nagetier. Er ist ein Dämmerungs- und Nachtnager, kann aber auch tagsüber gesehen werden, wenn er sich nicht gestört fühlt. Er ernährt sich hauptsächlich von Espen= und Weidenrinden und bleibt auch im Winter unter dem Eis aktiv.

Kanada-Reiher sind sowohl auf der feuchten Westseite als auch auf der eher trockenen Ostseite des Glacier Parks anzutreffen. Zum Winter ziehen sie in südlichere Gefilde.

Biber sind als Baumeister bekannt, weil sie Dämme und Wohnburgen von beachtlicher Größe errichten können. Diese Biberburg befindet sich in einem Teich nahe dem Abfluß des Bowman-Sees, der »Baby Bowman« genannt wird. Im Hintergrund ist der Rainbow Peak zu sehen.

Glacier/Waterton Lakes

Schwerer Gewittersturm über einem der dicht bewaldeten Täler des Glacier Nationalparks. Die überwiegende Mehrzahl der Waldbrände wird durch Blitzschlag in den heißen, trockenen Wochen des Spätsommers verursacht.

Der Weißkopf-Seeadler, Nationalsymbol Amerikas, steht außerhalb Alaskas unter Naturschutz. In jedem Herbst kommen diese majestätischen Vögel zu Hunderten in den Glacier Park, um am McDonald Creek reiche Beute an Blaurückenlachsen zu machen, die vom weiter im Süden Montanas gelegenen Flathead Lake hierher zu ihren Laichgründen wandern.

Der »Osprey« ist ein Fischadler mit einer grau gefärbten Oberseite und weißlicher Färbung an der Unterseite. Mit seinen langen, befiederten Beinen und scharfen Krallen ist er – im Gegensatz zum Weißkopf-Seeadler – ein ausgezeichneter Fischer und nistet an verschiedenen Seen in den Glacier und Waterton Lakes Nationalparks.

Glacier/Waterton Lakes

Die Landschaft entlang dem Wanderpfad zum Grinnell-Gletscher wird beherrscht vom Mount Gould (2911 m) und der Garden Wall, einem zur Gipfellinie hin nur wenige Meter breiten, langgestreckten Felskamm. Beide sind hier Teil der Kontinentalen Wasserscheide. Das Türkis des Grinnell-Sees wird durch die Schmelzwasser der Salamander-, Gem- und Grinnell-Gletscher verursacht.

Der grimmige Vielfraß kann gelegentlich in den höheren Lagen der Glacier und Waterton Lakes Nationalparks gesehen werden. Er ist ein Allesfresser und kann zum Winter hin auch dem Menschen gefährlich werden.

Der Silberlöwe oder Puma ist die größte in Nordamerika beheimatete Katzenart und hält sich zumeist in höher gelegenen Nadelwäldern auf. Er ist nur noch selten anzutreffen, und seine bevorzugten Beutetiere sind Virginia- und Maultierhirsche. Er reißt aber auch Dickhornschafe, Schneeziegen und kleinere Säugetiere.

Eine Gruppe gut ausgerüsteter Bergwanderer steigt über die letzten Grate auf ihrem beschwerlichen Weg zum Gipfel des Reynolds Mountain (2782 m), einem durch Gletschereinwirkung zur Pyramide geformten Berg der Kontinentalen Wasserscheide des Glacier Parks. Gletscherspalten-Klettern, wie hier im Grinnell Glacier, ist gefährlich und wird nur erfahrenen und gut ausgerüsteten Besuchern empfohlen.

Während im Nordwesten der Mount Richards (2393 m) sowie Bertha Peak und Mount Crandell (2320 und 2381 m) liegen, gleitet das Ausflugsboot vom Städtchen Waterton Park aus über die Landesgrenze bis hinunter ans südliche Ende des Oberen Waterton Sees.

Ein kanadisches Willkommen entbietet das zwischen 1925 und 1927 ganz aus Holzstämmen erbaute Prince of Wales Hotel. Es liegt auf einem Hügel zwischen dem Oberen und Mittleren Waterton See und ist eines der Grandhotels der Rocky Mountains. Von hier aus hat man einen herrlichen Rundblick auf das Bergpanorama beiderseits der Grenze: der flache West Flattop Mountain (2082 m) im Süden, dann die Zinnen der Citadel Peaks (2362 m) mit dem »Stachelschwein-Kamm«, gefolgt vom Campbell Mountain (2513 m) und Mount Richards.

Der vom Sperry-
Gletscher gespeiste
Avalanche Creek hat sich
im Laufe der Zeit seinen
Weg durch den rötlichen
Grinnell-Ton geschnitten.

Die Avalanche-Klamm
und der gleichnamige
See sind beliebte
Ausflugsziele auf der
feuchten Westseite des
Glacier Parks.

Kent und Donna Dannen

Geologie, Fauna, Flora
und Geographie mit Karten

Geologie

Jeder der Nationalparks in den Rocky Mountains hat seinen eigenen, unvergleichlichen Charakter und seine eigene Entstehungsgeschichte, und doch besitzen alle viele Gemeinsamkeiten. So formten Gletscher ihre Terrains, und die heutigen Konturen der Berge und Täler sind auf das Einwirken eben dieses Gletschereises zurückzuführen. Die entscheidende Phase begann vor ungefähr 3 Millionen Jahren mit dem Beginn der ersten Eiszeiten. Faßbare Veränderungen durch das Vorrücken von Gletschern datieren allerdings nur etwa 150000 Jahre zurück; es steht zu vermuten, daß jüngere Vergletscherungen die Spuren vorausgegangener Vereisung getilgt haben.

Durch eine generelle Temperaturabnahme, die mit vermehrten Niederschlägen einherging, fiel im Jahresgang mehr Schnee als abschmelzen konnte. Dieser Schnee begann, sich zu Gletschereis zu verdichten. Zunächst bildeten sich Gletscher unterhalb der Berggipfel dort, wo der zumeist aus westlichen Richtungen wehende Wind den Schnee anblies. Wenn der zu Eis verdichtete Schnee dann eine Stärke von mindestens 30 Metern erreicht hatte – dieses hing auch vom Neigungswinkel der Hänge ab – geriet er als Gletschereis unter dem großen Gewicht in Bewegung und schob sich langsam durch Hochtäler, die vordem durch mäandrierende Flüsse eingeschnitten worden waren, talabwärts, wobei das Eis durch weitere Niederschläge auf mehrere hundert Meter anwachsen konnte.

Die Eismassen wirkten auf den Untergrund wie riesige Hobel und Reibeisen, indem sie die Gebirgsfassaden zu ihrer späteren Gestalt umformten und abschliffen, den V-förmigen Tälern ein U-Profil gaben, Talkessel für zukünftige Seen ausfrästen und die in ihnen und an ihrer Vorderseite mitgeführten Gesteinsmassen als Grund- und Seitenmoränen an der Talsohle und in der Fußzone der Talhänge ablagerten. Solche Moränen stauten oftmals Flüsse zu Seen auf. Seen entstanden aber auch durch an der Unterseite der Gletscher mitgeführte Schottermassen, die auf dem Weg talabwärts den Talgrund ausschmirgelten.

Die letzte große Eiszeit endete vor acht- bis zehntausend Jahren. Wir leben heute wahrscheinlich in einer Warmzeit zwischen zwei Eiszeiten – in einem sogenannten Interglazial. Gletscherneubildungen fanden in den zurückliegenden paar tausend Jahren nur in größerer Höhe statt; die von den großen früheren Vergletscherungen umgeformten Täler blieben eisfrei.

Um die Bezeichnung »Gletscher« zu verdienen, muß sich sein Eis im Verlauf der Jahre zumindest geringfügig bewegen, soll er nicht als Eisfeld oder als stabillagernde Schneebank bezeichnet werden.

131

Fauna

Was für die Geologie gesagt wurde, gilt gleichermaßen für die Tierwelt: wenn auch einzelne Tiergattungen nur in jeweils einem der Nationalparks der Rocky Mountains vorkommen, so trifft man die meisten jedoch in mehreren oder allen Parks an. Im folgenden werden die am häufigsten vorkommenden Tiere berücksichtigt.

Säugetiere

In allen Parks kommen verschiedene Arten von *Chipmunks* vor. Diese munteren kleinen Nager zeichnen sich durch die auffälligen dunklen Streifen aus, die über ihren Rücken bis zur Nasenspitze verlaufen. Ein weiterer gestreifter Nager ist der *Goldmantel-Ziesel,* der bei oberflächlicher Betrachtung einem größeren Chipmunk zum Verwechseln ähnlich sieht. Man kann ihn vom Chipmunk dadurch unterscheiden, daß sich seine Streifen nicht bis zum Kopf fortsetzen.

Aber auch streifenlose Ziesel leben in den Parks. Sie sind einander sowohl vom Aussehen als auch vom Verhalten her sehr ähnlich. *Richardson's-Ziesel* bewohnen den Rocky Mountain Nationalpark, *Uinta-Ziesel* leben im Grand Teton und Yellowstone Park, und in den Glacier und Waterton Lakes Nationalparks sind die *Columbia-Ziesel* zu Hause. Alle diese nennt man im Volksmund auch »picket pin«, weil sie beim Fressen der Grassamen im offenen Gelände aufrecht dasitzen und die frühen Reisenden an die kurzen Pflöcke, die sie zum Anbinden ihrer Pferde in den Boden trieben, erinnerten.

Die *Gelbbäuchigen Murmeltiere* sind mit dem Waldmurmeltier verwandt und hausen in den Felsen; sie sind in den drei südlichen Nationalparks zu Hause. Das *Eisgraue Murmeltier* lebt in hochgelegenen, felsigen Gebieten und unterscheidet sich von seinem gelbbäuchigen Verwandten durch seine hellere Färbung, die auf dem Rücken hellgrau ist; ferner ist es auch um einiges größer. Wegen seines hohen, pfeifenden Rufes, den es bei Gefahr ausstößt, wird es auch »Pfeifer« genannt; dieser ist auch lauter als der des gelbbäuchigen Murmeltiers.

Alle genannten Kleinsäuger ernähren sich von Beeren, Wurzeln, Samen und Stengeln und schlafen den Winter über in gut isolierten Höhlen oder Erdlöchern, wobei ihr Stoffwechsel reduziert und ihr Energiebedarf aus den Fettreserven gedeckt wird.

Rothörnchen leben in den Wäldern. Sie fressen zwar auch Pilze, Eier und, wenn verfügbar, Jungvögel, ihre Hauptnahrung aber besteht aus Kambiumschichten frischer Zweige und aus Zapfensamen. Sie legen sich Zapfenvorräte an und sind auch im Winter aktiv.

In den Ponderosa-Kiefernwäldern des Rocky Mountain Nationalparks sind die *Abert's-Hörnchen* zu Hause. Sie haben nahezu Hauskatzen-Größe, besitzen große büschelige Ohren, einen wallenden Schwanz, und für sie gilt, daß sie die auffallendsten und prächtigsten aller Hörnchen in Nordamerika sind. Ihre Färbung ist entweder ganz schwarz, grau mit weißem Bauch oder rostbraun. Abert's-Hörnchen ernähren sich im Sommer von den Samen der Ponderosa-Kiefer, im Winter vom Kambium junger Kiefernzweige. Die stattlichen, bis zu 300 Jahre alten Ponderosas bieten ihnen Nestplätze.

Neben dem kleinen *Pfeifhasen,* der gerundete Ohren besitzt, in Felshaufen lebt und sich oft mit seinem durchdringenden Pfiff bemerkbar macht, ist ein weitverbreiteter anderer Hasenartiger der *Schneehase.* Während seine großen Füße das ganze Jahr über weiß bleiben, wechselt das übrige Fell von braun über gefleckt zu weiß im Winter, sieht man von den schwarzen Flecken an seinen Ohren ab. Durch seine Tarnfarben ist er nur schwer auszumachen.

Das *Baumstachelschwein* ist ein hauptsächlich nachts aktiver Nager und lebt vornehmlich von Baumrinden. Seine spitzen, mit Widerhaken versehenen Stacheln sind hervorragend zur Verteidigung gegen die meisten Raubtiere geeignet; sie lösen sich relativ leicht und bleiben dann im Fleisch des Angreifers stecken. Lediglich dem Vielfraß oder dem Fischermarder gelingt es, das Stachelschwein unverletzt zu erlegen, indem sie es umdrehen und die weiche Unterseite angreifen. Übrigens kann das Baumstachelschwein seine Stacheln nicht »abschießen«, wie manche Legenden berichten.

Die *Biber* sind durch den Bau von Dämmen für eine Vielzahl von Teichen in den Parks verantwortlich. Als die größten Nagetiere können sie über 60 Pfund wiegen und von der Schnauze bis ans Ende ihres flachen, ruderartigen Schwanzes 1,40 Meter messen. Im Sommer ernährt sich der Biber von Gras, Blättern und der Rinde von Bäumen, vorzugsweise der von Espen oder Weiden, die er durch Abnagen fällt und oft über weite Wasserstrecken zu seiner Wohnburg oder zum Dammbau transportiert. Im Winter besteht seine Nahrung in der Hauptsache aus Rinden jener Zweige und Stämme, die er zum Bau seiner Behausung verwendet hat und die ihm nun als Vorrat dienen.

Die *Bisamratte* wird, wenn sie kegelförmig das Wasser in einem Teich zerteilt, oft mit dem viel größeren Nager verwechselt. Unterscheidungsmerkmal ist neben dem Größenunterschied vor allem der lange, dünne Schwanz. Ähnlich dem Biber haust die Bisamratte entweder in einer Burg oder in Höhlen, die sie in die Böschungen von Fluß- oder Teichufern gegraben hat.

Elche leben im Yellowstone, Grand Teton und in den Glacier und Waterton Lakes Parks. Seit jüngster Zeit gibt es sie auch wieder im Rocky Mountain Nationalpark. Sie sind die größten Vertreter der Familie der Hirsche. Ein ausgewachsener Elchbulle wiegt zwischen 800 und 1300 Pfund und besitzt ein riesiges, schaufelartiges Geweih. Elche sind langbeinig, haben einen buckelartigen Widerrist und die Wamme, einen vom Hals- und Kehlbereich herabhängenden Hautsack. Sie sind ganz ausgezeichnet an die natürlichen Verhältnisse in den Feuchtgebieten der Bergseen, Marschen und Flußufer angepaßt. Dort ernähren sie sich von saftigen Blättern, Zweigen und Wasserpflanzen. Die Elche paaren sich in der Zeit von Mitte September bis November. Während die Bullen in dieser Zeit sehr aggressiv sind, zeigen auch die Elchkühe mit ihren Kälbern im Frühjahr ein wenig wohlwollendes Verhalten gegenüber ihrer Umwelt.

Der *Wapiti* hat seinen Namen von den Indianern erhalten. Er wird auch jetzt noch so genannt, um Verwechslungen mit dem europäischen Elch zu vermeiden. Die »königliche« Würde dieses zweitgrößten Mitgliedes der Hirschfamilie steht außer Zweifel. Die männlichen Hirsche wiegen zwischen 500 und 900 Pfund. Ihr Geweih kann eine Spannweite von 1,50 Metern erreichen. Wapitis fressen Gras und Blumen sowie Zweige und Rinde von Laubbäumen und Büschen. Sie sind gesellig und wandern zum Winter hin in Herden in die Täler hinab, wo sie unter den dünneren Schneeschichten Nahrung finden.

Maultierhirsche haben eine Schulterhöhe von etwa 90 Zentimetern und wiegen mit ihrem bezaubernden Äußeren die majestätische Erscheinung der Wapitis reichlich auf. Charakteristisch sind ihre großen Ohren und schwarze Schwanzspitzen. Sie kommen in großer Zahl in den Parks vor und sind sehr anpassungsfähig. Ihre Nahrung besteht ebenfalls aus Gräsern, Blumen, Blättern und Zweigen von immergrünen und belaubten Bäumen und Büschen. Die männlichen Hirsche tragen ein verzweigtes Geweih, das sie, wie die Elche und Wapitis, im Winter abstoßen.

Nur im westlichen Teil des Glacier Nationalparks ist der *Virginiahirsch* zu Hause. Er ist kleiner als der Maultierhirsch und leicht an seinem langen braunen Schwanz, der beim geringsten Alarmsignal mit der weißen Unterseite nach oben zeigt, zu erkennen.

Die *Pronghorns* oder Gabelantilopen sind eine ausschließlich in Amerika beheimatete Familie der Paarhufer und kommen im Grand Teton und Yellowstone Nationalpark in stattlichen Beständen vor. Beide Geschlechter tragen auf Zapfen aufsitzende Hornscheiden, die regelmäßig abgeworfen werden. Pronghorns bevorzugen die offenen Areale der Parks. Ihre Nahrung ist identisch mit der der Hirsche.

Beide Geschlechter der *Dickhornschafe* tragen im Gegensatz zu den männlichen Hirschen Hörner, die nicht abgeworfen werden. Die spitzen Hörner der weiblichen Schafe sorgen in den Glacier und Waterton Lakes Nationalparks bei Parkbesuchern manchmal für Verwechslungen mit Schneeziegen; Dickhornschafe besitzen jedoch ein sandfarbenes Fell und weißes Hinterteil. Die schneckenförmig gewundenen Hörner der Widder sind schon von weitem ein Erkennungsmerkmal. Während der Paarungszeit im frühen Winter kämpfen die Widder um Rangordnung – und damit um das auserkorene Schaf – indem sie mit ihrem Gehörn solange gegeneinanderrennen, bis der Schwächere aufgibt; manchmal allerdings reicht auch schon das Zurschaustellen großer Hörner, um den kleineren Bock zu verjagen. Auch Dickhornschafe sind sehr gesellig; die Mutterschafe und ihre Lämmer sammeln sich im Sommer abseits der Widder in Herden, wohingegen sie im Winter gemeinsam laufen. Während der Sommerzeit weiden sie auf den offenen Grasflächen der Hochebenen und achten darauf, daß ein felsiges Gebiet nahebei ist, um ihnen notfalls die Flucht vor Raubtieren zu ermöglichen. Dabei sind ihre breiten Hufe und ihre Geschicklichkeit im Klettern gerade an steilen, felsigen Hängen von entscheidendem Vorteil. Im Winter sind sie zur Nahrungssicherung auf schneefreie Hanglagen angewiesen, oder sie ziehen in die schneeärmeren Niederungen, um hier das Grasfutter freizuscharren.

Schneeziegen, die nur in den Glacier und Waterton Lakes Nationalparks heimisch sind, besitzen relativ kurze, dunkelfarbige und dolchartige Hörner, die von beiden Geschlechtern getragen werden. Weitere Erkennungsmerkmale dieser Gemsenart sind ihr zottiges, weißes Fell und ihr Kinnbart. Sie sind kräftig, zeigen etwa einen Meter Schulterhöhe und haben ein Gewicht von bis zu 270 Pfund. Obwohl sie mit ihrer weißen Färbung gegen den felsigen oder grünen Hintergrund der Berglandschaften sehr augenfällig sind, so entdeckt der Besucher sie doch selten, weil sie das ganze Jahr hindurch in Höhen von über 2000 Metern leben. Sie ernähren sich dort von Pflanzen aller Art. Dank ihrer Kletter- und Steigfähigkeit können sie unglaublich steile Felshänge zu ihrem Lebensraum machen und haben so wenig von Raubtieren zu fürchten, obschon es passieren kann, daß es einem Steinadler gelingt, ein Junges vom Felsvorsprung zu stoßen.

Während der Bison in den Grand Teton und Waterton Lakes Nationalparks in Gehegen gehalten wird, lebt er frei nur noch im Yellowstone Park und vermehrt sich hier kräftig. Seine Lebensräume sind auch heute noch die Ebenen und die breiten Flußtäler des Parks. Er gehört zu den Wildrindern, mit mächtigem Widerrist, Bart und Mähne. Der Stier wird bis zu 3 Meter lang, mißt 1,70 bis 1,90 Meter Höhe und kann 1800 bis 2000 Pfund wiegen. Die Farbe des Bisons ist dunkelbraun bis dunkelrotbraun, Hörner, Hufe und Maul sind schwarz.

Der Vielfraß, der in kleiner Anzahl nur noch in den Glacier und Waterton Lakes Nationalparks lebt, ist das größte Mitglied der Marderfamilie und durchstreift mit seinem eigenartig purzelnden Gang große Territorien. Er besitzt einen kräftigen, muskulösen Körper, sein Fell ist dunkelbraun, und er lebt in den Wäldern und auf alpinen Matten. Als Raubtier besteht seine Nahrung aus kleineren und größeren Säugetieren, auch aus Aas, sowie im Sommer aus Beeren und Pflanzen. Besonders im Winter ist er für seine Aggressivität bekannt.

Der Dachs, Sohlengänger und der Marderfamilie zugehörig, ist auf Grasebenen und Bergrücken in allen Parks anzutreffen. Ebenso wie das Stinktier ernährt er sich von Zieseln und Mäusen, die er mit seinen langen, an den Vorderbeinen befindlichen Krallen ausgräbt, wie auch von Vögeln, die am Boden nisten, und ihren Eiern. Der Dachs hat einen langen Kopf mit schwarzweißer Streifenzeichnung und kann über 40 Pfund wiegen. Den Winter verbringt er in Wohnhöhlen.

Die eigentlichen Marder sind vorwiegend Baumtiere, gewandte Kletterer und Springer mit lederfarbenem oder gelblichem Kinn und Bauch und werden etwa 50 Zentimeter lang. Obwohl dieser geschmeidige Jäger mit seinem buschigen Schwanz in den Wäldern zu Hause ist, zieht es ihn auch bis in felsige Gebiete. Er jagt Mäuse und andere Kleintiere, auch schon einmal das Rothörnchen und ergänzt mit Aas und Insekten seinen Speisezettel. Der Marder ist das ganze Jahr über aktiv, erst recht beim überaus wilden Spiel mit seinen Artgenossen.

Größer und noch verspielter ist der Flußotter, der in geringer Zahl in allen außer im Rocky Mountain Nationalpark lebt. Er ist ein Späße überaus liebendes Mitglied derselben Familie und der Wasserclown schlechthin. Ein unvergeßlicher Glücksfall ist es, ihm zuzusehen, wenn er auf dem Rücken schwimmt, auf seinem Bauch die Schlamm- oder Schneebänke hinunter ins Wasser rutscht und dabei die ganze Zeit über lauthals schnattert. Der Otter ist ein hervorragender Schwimmer und ernährt sich größtenteils von Fischen, Krebsen und Schnecken.

Der Coyote gehört zur Familie der hundeartigen Raubtiere und ist ein scheuer, dämmerungs- und nachtaktiver Jäger. Er ist in allen Nationalparks in großer Zahl anzutreffen. Sein Fell hat eine bräunlich-gelb-graue Färbung, und er hat eine schmale Schnauze, lange getupfte Ohren und einen buschigen Schwanz, der gewöhnlich nach unten zeigt. Er ist sehr familienbewußt: die fünf bis sieben Jungen kommen im Frühjahr zur Welt, und beide Eltern beteiligen sich an ihrer Aufzucht, wie sie auch gewöhnlich mehrere Jahre zusammenbleiben. Dank ihrer großen Anpassungsfähigkeit erstreckt sich ihr Lebensraum von den Ebenen bis zu den Hochgebirgsregionen. Coyoten fressen das Aas von Tieren, die im Winter vor Schwäche sterben und solchen, die auf Straßen überfahren werden. Sie jagen aber auch lebende Tiere in fast allen Größenordnungen, wobei Nagetiere, Kaninchen und Hasen den Hauptteil ihrer Nahrung ausmachen. Tatsächlich tragen Coyoten dazu bei, daß sich die letztgenannten Säuger nicht zu rasch vermehren und dabei die Landschaft von Pflanzen entblößen. Ihr Konzert mit Heulen, Jaulen und Bellen belebt auf für uns Menschen unheimliche Weise die Nacht der Wildnis.

Coyoten kann man leichter als vermutet mit anderen Raubtieren aus der Familie der Hunde verwechseln, so zum Beispiel mit den *Grauwölfen,* deren Zahl in den Glacier und Waterton Lakes Nationalparks ständig abnimmt und die in den anderen Parks ausgerottet sind. Es werden jedoch Versuche unternommen, sie hier wieder anzusiedeln. Wölfe ähneln großen Deutschen Schäferhunden, sind jedoch schlanker und haben größere Füße. Ihre Schnauze wiederum ist größer als die von Coyoten, und die Farbe ihres Fells variiert zwischen beige und braun, grau und schwarz. Sie sind ähnlich familientreu, und Wolfspaare sollen oft lebenslang zusammenbleiben. Innerhalb der Rudel gibt es eine ausgeprägte Rangordnung. Wölfe leben in Nadelwäldern und jagen hauptsächlich Großwild.

Der *Rotfuchs,* in den Parks relativ wenig vertreten, ist wesentlich kleiner als Wolf und Coyote und außerordentlich scheu. Er lebt in den Grasebenen und in offenen Wäldern. Sein ausgeprägter Geruchssinn, sein scharfes Auge, seine Schnelligkeit und Beweglichkeit erlauben ihm, Hasen, Mäuse, Vögel und sonstiges Kleingetier zu stellen und zu erjagen.

Äußerst selten anzutreffen, und fast nur noch in den beiden Nationalparks entlang der Landesgrenze, ist der *Silberlöwe* oder Puma. Diese größte heimische Raubkatze hat ein Gewicht von 90 bis 200 Pfund, einen langen und geschmeidigen Körperbau mit langem Schwanz. Bei ausgewachsenen Tieren ist das Fell überwiegend hellbraun, Kehle und Brust sind weißlich. Der »Cougar« genannte Einzelgänger schlägt vorzugsweise Virginia- und Maultierhirsche, aber auch andere große und kleine Tiere. Er benötigt ein großes Jagdgebiet, das er gegen Seinesgleichen hart verteidigt. Sein Lager schlägt er üblicherweise in einer Felsspalte oder an einer durch Bruchholz geschützten Stelle in höher gelegenen Nadelwäldern auf. Wegen seiner Stärke sowie seiner Fähigkeit, sich lautlos anzuschleichen, und seiner Geschwindigkeit hat die amerikanische Folklore dieser Katze den Ruf eines Menschenjägers angedichtet.

Erheblich kleiner ist der *Kanada-Luchs,* der bis zu 35 Pfund wiegt. Er hat Pinselohren, einen kurzen Leib, stummelartigen Schwanz, hohe Beine und große Füße, mit denen er sich behende über den Schnee bewegen kann. Sein geflecktes Fell ist dicht und überwiegend graubraun, und sein Katzenkopf ist von einer auffallenden Halskrause umrahmt. Er lebt hauptsächlich in Nadelwäldern und jagt des Nachts Kleintiere wie Ziesel, Hasen und Vögel. Er ist selten geworden, ausgerottet schon im Rocky Mountain Nationalpark.

Noch zu Hause dort und in den anderen Parks, wenn auch selten anzutreffen, ist der *Rotluchs,* der in lichten Wäldern und in Gegenden mit Dickicht und Unterholz lebt. Sein dichtes Fell ist gelblich-braun bis grau. Wie die Hauskatze lauert er seiner Beute auf und schlägt dann plötzlich mit der großen, stark bekrallten Klaue zu. Am liebsten reißt er Schneehasen.

Nur wenige Besucher haben das Glück, einen Bären zu Gesicht zu bekommen. Im Rocky Mountain Park leben nur *Schwarzbären,* und auch diese sind hier selten. In den anderen Nationalparks gibt es eine erheblich größere Population an Schwarzbären, aber auch an *Grizzlybären.* Beide fressen nahezu alles, und ihr Verhalten ist für den Menschen oft unberechenbar. Sie sind im allgemeinen Einzelgänger, die Muttertiere bleiben jedoch über ein Jahr bei ihren Jungen und behüten sie außerordentlich gut. Bären ruhen den Winter über in ihren Höhlen, wobei sie von ihren im Sommer und Herbst angesetzten Fettpolstern leben. Diese winterliche Keimruhe ist ein auch fortpflanzungsbiologischer Vorgang, dessen Ablauf und Wirkung erst teilweise untersucht und diskutiert ist.

Der Schwarzbär ist kleiner als der Grizzly. Er besitzt kurze Krallen an kräftigen Tatzen, die sich sehr gut zum Erklettern von Bäumen eignen. Im Gegensatz dazu hat der mit einem großen, muskulösen Buckel auf dem Widerrist ausgestattete Grizzlybär bis zu 15 Zentimeter lange Krallen, die er zum Ausgraben von Knollen oder Tieren benutzt, die aber zum Bäumeerklettern zu lang und stumpf sind. Grizzlies können lediglich ausreichend starke Baumäste wie Leitersprossen hochklettern. Beide Bärenarten gehen sich aus dem Weg, obwohl sie beide in Wäldern und auf alpinen Matten leben, wie sie auch in Hangzonen anzutreffen sind.

Zu erwähnen ist auch noch der viel kleinere, nur des Nachts aktive *Waschbär,* der in einigen Parks vorkommt. Er mißt etwa 70 Zentimenter und trägt einen dichten, langen und unempfindlichen Streifenpelz. Dieser Kleinbär lebt in lichten Wäldern sowie an Flußläufen und Seen. Er ist ein gewandter Kletterer und ein Allesfresser. Sein Name wird von der Gewohnheit abgeleitet, seine Beute, wann immer möglich, vor dem Fressen in Wasser einzutauchen.

Vögel

Die fünf häufigsten Vögel in den Nationalparks der Rocky Mountains sind Mitglieder der Familie der Rabenvögel.

Kiefernhäher und *Kanadische Unglückshäher* nennt man auch »camp robbers«, Zeltplatzräuber, da sie dort, wo Menschen zusammenkommen, ungeniert umherflattern und auf eine Gelegenheit warten, sich einen unbewachten Bissen zu schnappen und damit in den nächstgelegenen Baum zu fliegen. Diese beiden Vögel sind leicht zu unterscheiden: Der Kiefernhäher besitzt im Gegensatz zu seinem grauen Artgenossen einen langen Schnabel, mit dem er die Samen aus den Kiefernzapfen zieht; außerdem zeigt er im Flug eine leuchtend schwarze und weiße Zeichnung an den Flügeln und am Schwanz.

Zwei weitere farbenprächtige Mitglieder dieser Familie sind der *Steller's-Häher* und die *Elster.* Das Gefieder des Erstgenannten ist dunkelblau, und auf seinem schwarzgefiederten Kopf thront ein Federbüschel. Mit den weißen, seitlich am Kopf verlaufenden Streifen und der wild hin- und herflatternden Federhaube sieht er bei der Futteraufnahme aus wie ein Indianer, der Kopfschmuck und Kriegsbemalung trägt. Die Elster hingegen fällt durch ihren langen Schwanz auf, der sie im Flug von anderen Vögeln unterscheidet. Mit ihrem schillernd grünblauen Gefieder, das manchmal schwarz wirkt, und den leuchtenden weißen Mustern auf ihren Flügeln wird sie von jedermann beachtet.

Der *Rabe* ist der größte seiner Familie und wird oft mit der kleineren Krähe verwechselt, die aber in den Bergen hier seltener vorkommt. Wie alle Rabenvögel

gehört er zu den meist krächzenden, andere Stimmen nachahmenden Singvögeln. In der Mythologie gilt der Rabe als Weisheitsvogel.

Steinadler und Weißkopf-Seeadler sind die größten Greifvögel in den Nationalparks. Der *Steinadler* erscheint dunkel, wenn er hoch oben in Warmluftströmen dahingleitet, um nach Murmeltieren, Kaninchen oder Zieseln Ausschau zu halten. An seiner Größe kann man ihn von anderen Greifvögeln unterscheiden, denn mit einer Körperlänge von zwischen 76 und 102 Zentimetern und einer Flügelspannweite von 1,9 bis 2,3 Metern übertrifft er alle. Nur der Unterschied zwischen Jungvögeln ist schwieriger, da der Weißkopf-Seeadler seine charakteristische weiße Kopffärbung erst im vierten Lebensjahr annimmt. Der Steinadler nistet in unzugänglichen Felsnasen in hohen und zumeist unzugänglichen Regionen der Berge.

Der *Weißkopf-Seeadler* ernährt sich von Fischen und Wasservögeln sowie von Aas. Zumeist ist er in der Nähe von Seen und Flüssen zu finden und nistet in hohen Bäumen an deren Rändern. Er ist Amerikas Wappentier und von stattlicher Statur: Seine Flügelspannweite steht der des Steinadlers um nicht viel nach.

Der *Fischadler* ist ein weiteres Mitglied der Greifvögel und ernährt sich fast ausschließlich von Fischen. Ein ausgewachsener Fischadler benötigt täglich etwa ein Pfund davon. Er schwebt rüttelnd über der Wasseroberfläche und hält nach Beute Ausschau. Wenn er einen Fisch ausgemacht hat, stößt er geradewegs mit den Füßen voran ins Wasser, verschwindet dabei oft ganz und greift seine Beute mit den dafür geeigneten langen Krallen. Sodann erhebt er sich samt der zappelnden, oft schweren Beute mit seinen starken Schwingen in die Luft, um am Ufer, zumeist auf einem Baumstumpf, den Fisch zu kröpfen.

Ein sehr viel kleinerer Vogel, der ebenfalls im Wasser nach Nahrung sucht, ist die *Wasseramsel.* Sie sieht aus wie ein großer grauer Zaunkönig und taucht auf ihrer Jagd nach Insektenlarven furchtlos in Bergseen und reißende Flüsse ein. Immer wenn man meint, jetzt habe der Fluß sie endgültig mit fortgerissen, schnellt sie wieder an die Oberfläche, schüttelt auf einem Stein oder Baumstamm einen Schwall funkelnder Tropfen ab und vollführt dabei einen putzigen, lebhaften Tanz. Sie baut ihr kuppelförmiges moosiges Nest auf einem Felssims nahe dem Wasser, und wenn im Winter die Flüsse und Seen vereisen, zieht die Wasseramsel stromabwärts in Gebiete, in denen das Wasser noch offen ist.

In den Nationalparks und den umliegenden Bergregionen gibt es unzählige weitere Vogelarten wie Reiher und Rohrdommeln, Trompeterschwäne und Kanada-Gänse, Dünenkraniche und Rallen, den Nashornpelikan und den Kormoran, Truthahngeier und Hühnerhabichte; es gibt den Wanderfalken und den Merlin, Schnee-Eulen und Virginia-Uhus, das Birkhuhn und das »Tarnwunder« Moorschneehuhn, Haubentaucher und eine Vielzahl von Entenarten, sogar Seeschwalben, Möwen und Strandläufer; anzutreffen sind ferner Vögel wie Specht und Kuckuck, Grasmücke und Seidenschwanz, – und sogar einige Arten von Kolibris saugen hier den Nektar aus den unendlich vielen Blüten der Bergvegetation. Alle diese Vogelarten und noch viele andere sind entweder ständige Parkbewohner, nisten hier, oder machen nur Rast auf ihrem Zug nach Süden oder im Frühjahr zurück nach Norden.

Fische

Die Seen und Flüsse der Nationalparks sind fischreich. Heimisch sind verschiedene Arten der Regenbogenforelle, Bachsaibling, Goldforelle, Seeforelle, Rocky Mountain Weißfisch (Renke), Äsche sowie in den beiden nördlichen Parks außerdem Amurhecht, »Dolly Varden«-Saibling und Kokanee-Lachs (Blaurückenlachs).

Engelmann-Fichte

Blaufichte

Westamerikanische
Balsamtanne

Douglastanne

Drehkiefer

Nevada-Zirbelkiefer

Ponderosa-Kiefer

Weißstämmige
Zirbelkiefer

Hemlocktanne

Rocky Mountain
Wacholder

Amerikanische
Zitterpappel (Espe)

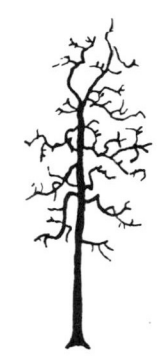

Haarfrüchtige
Pappel

Flora

Das Klima der Rocky Mountains zeichnet sich durch lange, kalte Winter und kurze, warme Sommer mit relativ geringen Niederschlägen aus. Der Boden ist zumeist karg und relativ unfruchtbar. Diese Wachstumsbedingungen begünstigen die zähen Koniferen. Hänge mit Nadelwäldern sind typisch für diesen Lebensraum. Die wenigen hier wachsenden breitblättrigen Laubbaumarten gehören zur Familie der Pappeln und gedeihen am besten im Nahbereich von Gewässern.

In allen Nationalparks wachsen sechs Arten von Nadelbäumen: Drehkiefer, Nevada-Zirbelkiefer, Engelmann-Fichte, Westamerikanische Balsamtanne, Douglastanne und Rocky Mountain Wacholder. Die Amerikanische Zitterpappel oder Espe und die Haarfrüchtige Pappel sind die einzigen breitblättrigen Laubbäume in den Parks; es gibt jedoch mehrere Arten von belaubten Büschen.

Daneben wachsen in einigen Parks auch noch weitere Nadelbäume, wie zum Beispiel die Hochgebirgslärche im trockenen Osten der Kontinentalen Wasserscheide der Glacier und Waterton Lakes Nationalparks sowie die Weißstämmige Zirbelkiefer, die in stattlicher Größe auch im Grand Teton Park anzutreffen ist. Im Glacier Nationalpark sind ferner als äußerste östliche Ausdehnung der pazifischen Pflanzenfamilie Rotzedern sowie Hemlocktannen beheimatet, deren üppiges Wachstum durch das feuchtwarme Klima an der Westseite des Parks begünstigt wird. Im Rocky Mountain Nationalpark wächst die Ponderosa-Kiefer, und die dort Flüsse und Seen säumende Blaufichte ist in Colorado beheimatet und wurde sogar zum »state tree«, zum Staatsbaum von Colorado, erkoren.

Hochgebirge und die damit zusammenhängenden Höhenunterschiede ergeben ein breites Spektrum an Mikroklimata. Daraus abgeleitet gibt es eine viel größere Anzahl unterschiedlicher Lebensräume, in welchen die verschiedenen Pflanzen gedeihen können, als in flachen Gebieten der gleichen Ausdehnung. Dieses begünstigt das Wachsen einer Vielzahl von kleinen Pflanzen, insbesondere auch das der farbenprächtigen Wildblumen: In der warmen Jahreszeit blühen mehr als 5000 Pflanzenarten in den Rocky Mountains.

Wir geben allen Blumen möglichst charakteristische Namen, um sie unterscheiden zu können; je mehr Blumen ein Mensch identifizieren kann, desto mehr wird er sie auch schätzen lernen. Für den an Botanik Interessierten ist es daher sicherlich sinnvoll, auf eines oder mehrere der Bestimmungsbücher, die überall in den Parks erhältlich sind, zurückzugreifen.

Unter den Blumen, die die meiste Aufmerksamkeit in den Nationalparks der Rocky Mountains auf sich ziehen, sind die vielen Arten der »Indian paintbrush«, der Castilleja, die sich untereinander kreuzen und neben roten und gelben Farben eine Vielfalt von prächtigen Mischtönen hervorbringen. Der Blütenstand, der entfernt an den Pinsel eines Malers erinnert, wirkt vor allem durch die sich entsprechend färbenden Blätter, während die eigentliche Pollen und Samen produzierende Blüte grün und unscheinbar ist.

Auch Akeleien blühen in vielen Farben und sind an ihren Spornen, die an der Rückseite der Blüte herausragen, leicht zu erkennen. Diese Sporne enthalten im Innern Nektar, so daß Kolibris und Insekten tief hineintauchen müssen, um ihn zu bekommen und dabei am Pollen entlangstreifen, der sich an ihnen festhaftet. Den Pollen transportieren sie auf diese Weise zur nächsten Blüte und befruchten sie. Manche Insekten allerdings beißen Löcher in die Spornenden und »stehlen« den Nektar, ohne dafür der Pflanze nützlich zu sein.

Die zarte Cytherea-Orchidee ist, besonders im Frühjahr, hier überall zu finden. Sie ernährt sich von vermoderndem Holz und den sich darauf bildenden Pilzen und verzaubert die Nadelwälder der gesamten nördlichen Hemisphäre.

Etwa 20 Prozent der Wildblumen in den Rocky Mountains gehören, wie Gänseblümchen und Sonnenblumen, zur Familie der Korbblütler. Ihre kleinen Blüten sind zu einem großen, köpfchenartigen Blütenstand vereinigt, der für Insekten und Kolibris eine Einzelblüte vortäuscht. Korbblütler gibt es erst seit kurzem in der Entwicklungsgeschichte der Pflanzen, sie haben sich aber als sehr erfolgreich erwiesen und kommen überall in großer Anzahl vor.

Das beeindruckendste in der Flora der Nationalparks sind jedoch die unendlich vielen zarten Blütenpflanzen der Hochgebirgstundren, besonders ausgeprägt im Rocky Mountain und im Glacier Park, die sich dem Wildniswanderer auf den Pfaden von der Trail Ridge Road und der Going-to-the-Sun Road aus im Sommer in ihrer ganzen Pracht offenbaren.

Geographie

Wie man den Rocky Mountain Nationalpark erreicht
Viele nationale und internationale Fluggesellschaften bedienen Denver, das etwa 90 Autominuten von Estes Park am östlichen Zugang des Parks entfernt liegt; auf dieser Strecke wird auch eine regelmäßige Busverbindung angeboten. Wer den Park über die Ortschaft Grand Lake im Westen anfahren möchte, kann dieses mit einer 2stündigen Autofahrt von Denver aus ebenfalls tun. Die Trail Ridge Road, gleichzeitig U.S. Highway 34, verbindet Grand Lake mit Estes Park, ist jedoch in den höher gelegenen Abschnitten im Winter gesperrt.

Unterkunft
Bei der Handelskammer (Chamber of Commerce) in Estes Park, Colorado 80517, oder bei der in Grand Lake, Colorado 80447, sind Auskünfte über das reichhaltige Angebot an Hotels, Motels und Campingplätzen entlang der Parkgrenzen erhältlich. Im Nationalpark selbst gibt es zur Zeit fünf große Campingplätze und weitere in den umliegenden Arapaho- und Roosevelt-Staatsforsten. Genauere Informationen über diese, sowie Karten und weitergehendes Material sind unter folgenden Anschriften erhältlich: The Superintendent, Rocky Mountain National Park, Estes Park, Colorado 80517, und U.S. Forest Service, 2995 Baseline Road, Boulder, Colorado 80303.

Was man unternehmen kann
Neben Wanderungen auf den 500 Kilometer langen und gut ausgeschilderten Wildnispfaden hat man die Möglichkeit zum Bergsteigen, zu Rucksacktouren, zum Reiten, zum Angeln, zu Autotouren und im Winter zum Skilang- und Abfahrtslauf. Einige Straßen werden im Winter geräumt.

Sehenswürdigkeiten
Hierzu gehört in erster Linie eine Autotour auf der einmaligen Trail Ridge Road, von der aus unzählige Wanderwege wie auch Naturlehrpfade, insbesondere solche in die Hochgebirgstundra, abgehen. Wer diese Straße befährt, sollte auf die Veränderungen der Vegetation mit steigender Höhe achten, wobei besonders die Flora in der baumlosen alpinen Tundra entlang dem oberen Teil dieser Straße bemerkenswert ist. Ebenso bietet sie aufgrund ihrer Höhenlage hervorragende Ausblicke auf die Bergwelt dieses Nationalparks. Ferner sind Autofahrten auf der Bear Lake Road zum gleichnamigen See – mit einem kurzen Fußweg zu den Alberta-Wasserfällen und mit Wanderpfaden zu weiteren Hochgebirgsseen und Bergmassiven entlang der Kontinentalen Wasserscheide – sowie auf der Old Fall River Road, die durch den Horseshoe Park führt, sehr reizvoll. Wer Wildblumen in bunter Pracht liebt, sollte auf dem Cub Lake Trail und im Wild Basin wandern. Interessant ist auch ein Besuch der 1874 gegründeter MacGregor Ranch im östlichen Teil des Nationalparks sowie auf der Never Summer Ranch, die 1918 von der deutschstämmigen Familie Holzwarth als eine Art Vergnügungsfarm für Wochenendgäste aus Denver erbaut und betrieben wurde.

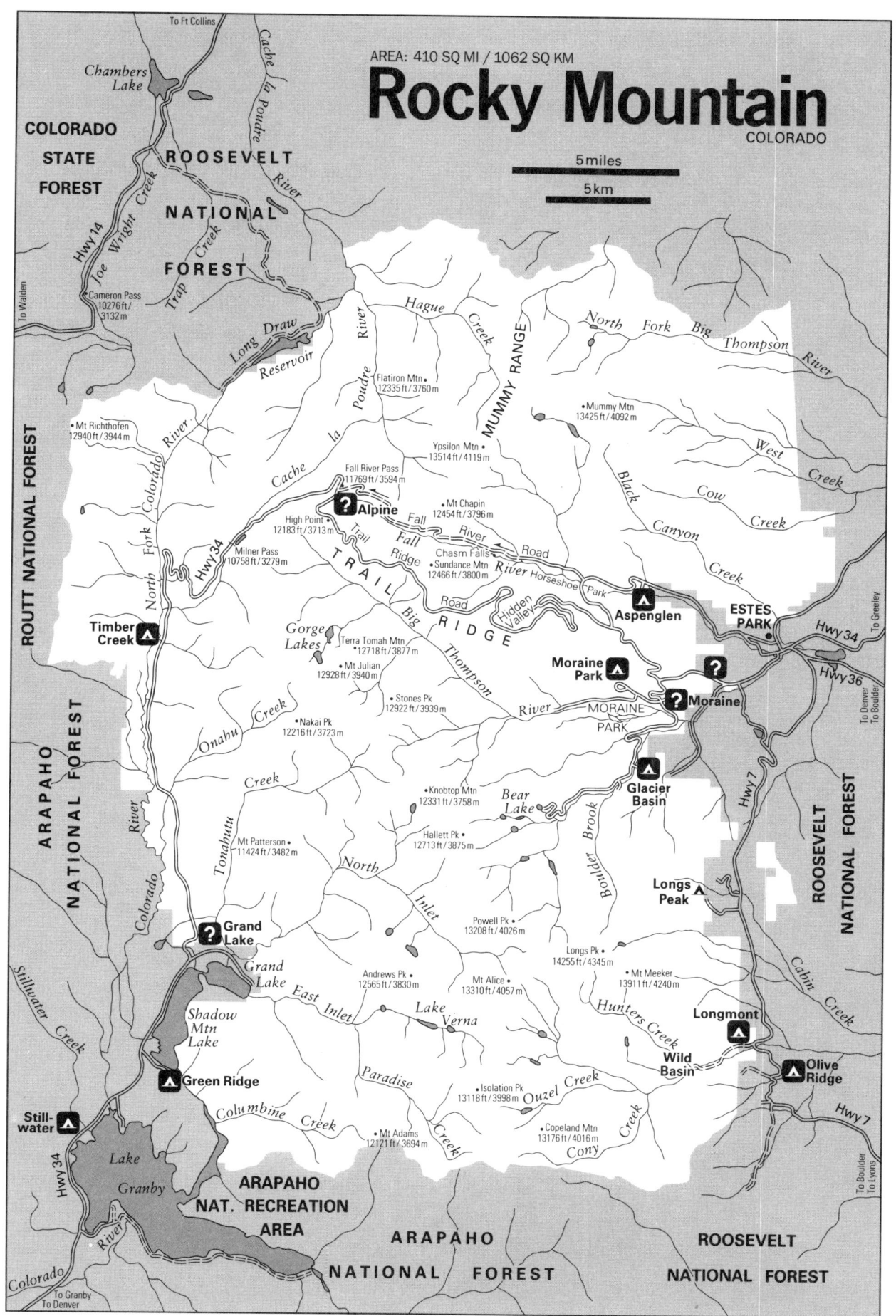

AREA: 410 SQ MI / 1062 SQ KM

Rocky Mountain
COLORADO

5 miles

5 km

Wie man den Grand Teton Nationalpark erreicht
Der Grand Teton Nationalpark liegt 800 Kilometer von Denver entfernt und 430 Kilometer von Salt Lake City, der großen Mormonen-Stadt, die ebenfalls von vielen nationalen und internationalen Fluggesellschaften bedient wird. Anschlußflüge wie auch Busverbindungen von Salt Lake City aus gibt es nach Jackson, am südlichen Eingang des Parks gelegen. Auch vom nördlich gelegenen Yellowstone Nationalpark aus ist der Grand Teton Park über den John D. Rockefeller Jr. Memorial Parkway in kurzer Zeit zu erreichen.

Unterkunft
Bei der Handelskammer (Chamber of Commerce) in Jackson, Wyoming 83001, sind Auskünfte über das reichhaltige Angebot an Hotels, Motels und Campingplätzen nahe der südlichen Grenze des Parks erhältlich. Im Nationalpark selbst gibt es zahlreiche Lodges und zur Zeit sechs große Campingplätze. Genauere Informationen über diese, sowie Karten und weitergehendes Material sind unter folgender Anschrift erhältlich: The Superintendent, Grand Teton National Park, Moose, Wyoming 83012.

Was man unternehmen kann
Neben Wanderungen auf den 320 Kilometer langen und gut ausgeschilderten Wildnispfaden hat man die Möglichkeit zum Bergsteigen, zu Rucksacktouren, zum Reiten, zum Angeln, zum Bootfahren, Segeln und zu Schlauchbootfahrten auf dem außerhalb des Parks noch wilden Snake River, zu Autotouren, im Winter zum Skiwandern und Motorschlittenfahren – an der südlichen Grenze des Parks ist von Jackson und Teton Village aus ebenfalls Skiabfahrtslauf möglich. Der Rockefeller Parkway wird im Winter geräumt.

Sehenswürdigkeiten
Eine Fahrt auf dem Rockefeller Parkway, der dem Snake River folgt und am Jackson Lake entlangführt, wie auch auf der Teton Park Road ist vor der Kulisse des Teton-Gebirges ein großes Erlebnis. Besonders gut kennenlernen kann man das Gebirge auf den Wanderpfaden vom Jenny Lake aus an den Hidden Falls vorbei durch den Cascade Canyon hinauf zum Lake Solitude und durch den Indian Paintbrush Canyon zurück zum Leigh und String Lake.

Auch im Sommer gelangt man von Teton Village aus per Seilbahn auf den 3185 Meter hoch gelegenen Gipfel des Rendevouz Mountain, von wo aus das schroffe Profil der Tetons besonders gut zu sehen ist. Ein etwa 20 Kilometer langer Wanderweg führt von hier aus in den Granite Canyon hinab und zurück ins Jackson-Hole-Tal. Reiches Tierleben ist an der Oxbow Bend, einer Ausbuchtung des Snake River mit vielen Seitenarmen und Nebengewässern, zu beobachten. Interessant ist ein Besuch des Indian Arts Museum in Colter Bay sowie der eindrucksvollen 1925 erbauten »Chapel of the Transfiguration«, der Kapelle der Verklärung, in Moose Village. Die historische Joe Pfeifer Homestead gibt dem Besucher Aufschluß über einen typischen Viehzuchtbetrieb der frühen Siedlerjahre. Dem Winterbesucher schließlich wird ein großartiges Naturschauspiel mit etwa 7 500 Wapitis – und anderen wilden Tieren – auf dem Gebiet der National Elk Refuge geboten.

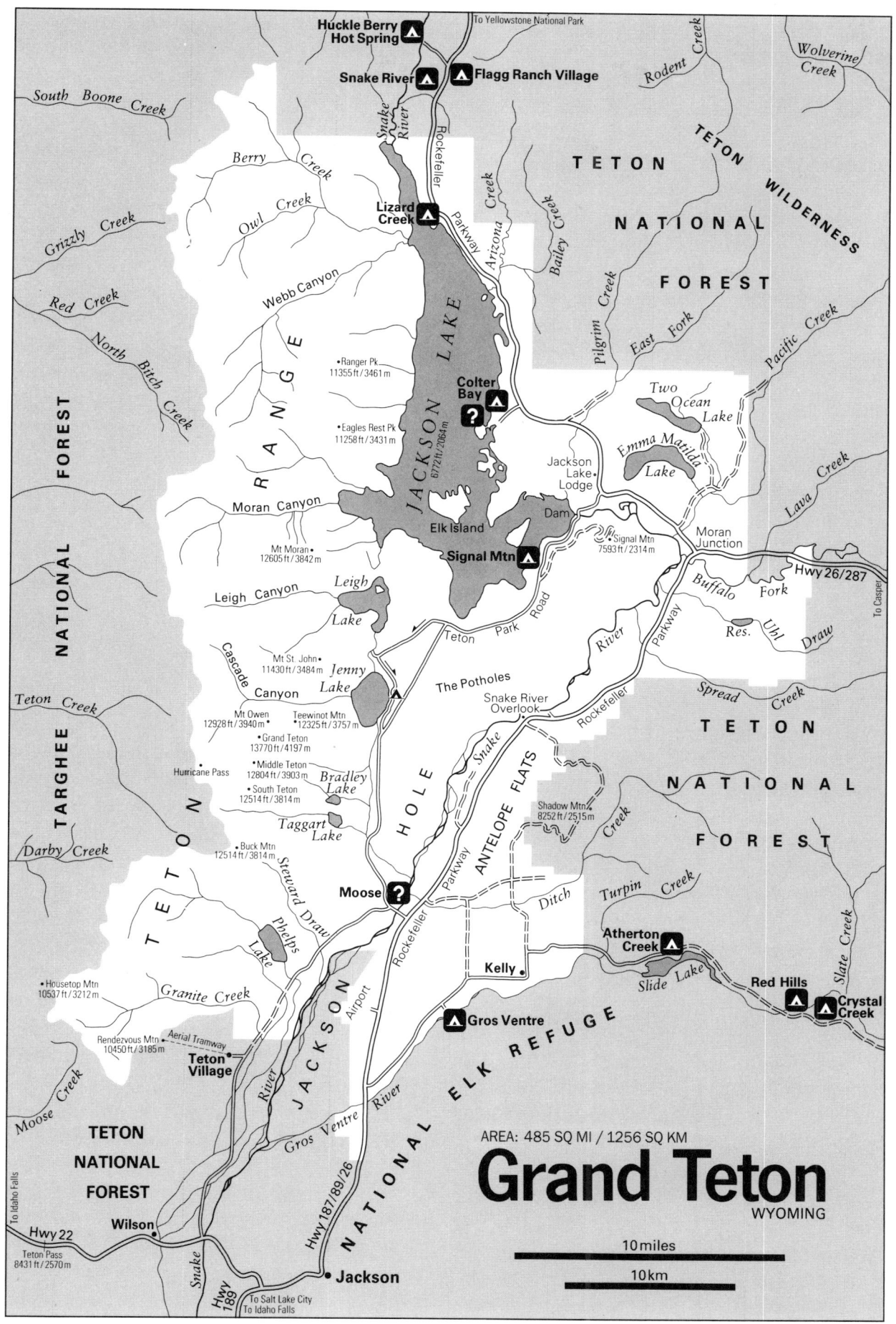

Huckle Berry
Hot Spring

To Yellowstone National Park

Snake River
Flagg Ranch Village

Rodent Creek
Wolverine Creek

South Boone Creek

Berry Creek
Owl Creek

Grizzly Creek

Red Creek

North Bitch Creek

Lizard Creek

TETON

WILDERNESS

Webb Canyon

Arizona Creek

Bailey Creek

Pilgrim Creek

East Fork

NATIONAL

FOREST

Pacific Creek

RANGE

Ranger Pk.
11355 ft / 3461 m

Colter Bay

Eagles Rest Pk
11258 ft / 3431 m

JACKSON LAKE

6772 ft / 2064 m

Two Ocean Lake

Emma Matilda Lake

Lava Creek

TETON

NATIONAL

FOREST

Moran Canyon

Elk Island

Jackson Lake Lodge

Dam

Mt Moran
12605 ft / 3842 m

Signal Mtn

Signal Mtn
7593 ft / 2314 m

Moran Junction

Hwy 26/287

To Casper

Leigh Canyon

Leigh Lake

Teton Park Road

Buffalo Fork River

Uhl Draw

Res.

Cascade Canyon

Mt St. John
11430 ft / 3484 m

Jenny Lake

The Potholes

Snake River Overlook

Rockefeller

Spread Creek

Mt Owen
12928 ft / 3940 m

Teewinot Mtn
12325 ft / 3757 m

Grand Teton
13770 ft / 4197 m

Hurricane Pass

Middle Teton
12804 ft / 3903 m

South Teton
12514 ft / 3814 m

Bradley Lake

Taggart Lake

Snake

Antelope Flats

Shadow Mtn
8252 ft / 2515 m

TETON

NATIONAL

FOREST

Teton Creek

TARGHEE

NATIONAL

FOREST

Darby Creek

JACKSON

HOLE

Buck Mtn
12514 ft / 3814 m

Steward Draw

Moose

Parkway

Ditch

Turpin Creek

Slate Creek

Phelps Lake

Atherton Creek

TETON

Housetop Mtn
10537 ft / 3212 m

Granite Creek

Kelly

Red Hills

Crystal Creek

Slide Lake

Rendezvous Mtn
10450 ft / 3185 m

Aerial Tramway

Teton Village

Airport

Gros Ventre River

Gros Ventre

NATIONAL ELK REFUGE

Moose Creek

TETON

NATIONAL

FOREST

Snake River

JACKSON

Hwy 187/89/26

AREA: 485 SQ MI / 1256 SQ KM

Grand Teton
WYOMING

To Idaho Falls

Hwy 22
Teton Pass
8431 ft / 2570 m

Wilson

Hwy 189

To Salt Lake City
To Idaho Falls

Jackson

10 miles

10 km

Wie man den Yellowstone Nationalpark erreicht
Der Yellowstone Park liegt zum überwiegenden Teil im Nordwesten des Staates Wyoming und seine nördlichen und westlichen Randstreifen in Montana und Idaho. Denver ist 900 Kilometer entfernt und Salt Lake City etwa 530. Die nächstgelegenen kleineren Flughäfen, die von einigen nationalen und regionalen Fluggesellschaften bedient werden, sind Jackson in Wyoming, Idaho Falls in Idaho, sowie Bozeman und Billings in Montana. Während der Sommermonate ist zusätzlich das Flugfeld von West Yellowstone, Montana, geöffnet. Es bestehen Busverbindungen zu allen umliegenden größeren Städten. Innerhalb des Nationalparks bietet TW Services im Sommer Rundfahrten per Bus oder mit alten Postkutschen sowie im Winter Ausflüge mit Schneekutschen an.

Unterkunft
In den umliegenden Ortschaften und benachbarten Staatsforsten steht jede gewünschte Unterkunft zur Verfügung. Innerhalb des Parks gibt es eine große Auwahl an Hotels, Motels und Lodges, die von Konzessionären betrieben werden. Informationen hierüber können von TW Services, Yellowstone Park Division, Yellowstone National Park, Wyoming 82190, angefordert werden. Informationen über die zahlreichen Campingplätze im Park selbst sowie Karten und weitergehendes Material sind unter folgender Anschrift erhältlich: The Superintendent, Yellowstone National Park, Wyoming 82190.

Was man unternehmen kann
Neben Wanderungen auf den 1600 Kilometer langen und gut ausgeschilderten Wildnispfaden hat man die Möglichkeit zu Rucksacktouren, zum Reiten, zum Angeln, zum Bootfahren und Segeln, zu Autotouren, im Winter zum Skiwandern und Motorschlittenfahren. Während dieser Zeit sind nur die Straßen zwischen Gardiner und Mammoth Hot Springs und von dort aus weiter zum Nordostportal für den Autoverkehr freigegeben.

Sehenswürdigkeiten
Neben einer schier unglaublichen Vielfalt der Tierwelt ist die bekannteste Attraktion im Yellowstone Park wohl der »Old Faithful«-Geysir. Er liegt mit unzähligen anderen Geysiren und einigen heißen Quellen im faszinierenden Upper Geyser Basin, der größten Konzentration von Geysiren. Nicht viel weniger interessant sind die Geysire und heißen Quellen im Midway- und im Lower Geyser Basin den Firehole River weiter stromabwärts. Das »heißeste aller heißen« Geysirbecken ist das von Norris, das ebenso wie das Gibbon-Becken weiter nördlich liegt. Höchst sehenswert sind vor allem dann die großartigen Terrassen der Mammoth Hot Springs. Im Verlauf des oberen Yellowstone-Flusses vor seinem Abfluß aus dem Yellowstone Lake gibt es im »Mud Volcano« genannten Becken zahlreiche heiße Quellen und Geysire wie auch im nur auf Wanderpfaden erreichbaren Gebiet östlich des Yellowstone River. Weitere Geysir- und Heißquellen-Becken sind bei West Thumb zu bewundern und auch im südlichen Teil des Yellowstone Parks in der Nähe der Summit-, Shoshone-, Lewis- und Heart-Seen, die alle bequem zu erwandern sind.

In scharfem Wettbewerb mit solchen Wunderwerken der Natur steht in der Gunst des Publikums ein anderes Naturwunder, nämlich der grandiose 32 Kilometer lange Grand Canyon of the Yellowstone mit seinen beiden Wasserfällen, den Upper- und den mächtigen Lower Falls, und den Tower-Wasserfällen nahe seinem Ende.

Einen der schönsten Rundblicke über den Yellowstone Park bietet eine Wanderung auf den Gipfel des Mount Washburn. Auch andere Wanderwege bieten reizvolle Ausblicke: Der Pfad zum Bechler Canyon in der Südwestecke des Parks, der vom Lewis Lake am Heart-See vorbei zum Westufer des Yellowstone-Sees zu Füßen der gewaltigen Absaroka-Bergkette führt, oder auch der zum Parker Peak im äußersten Osten des Parks und von hier aus den Lamar River entlang ins Lamar-Tal. Nicht nur die hohen Massive der Absaroka-Berge im Osten, sondern auch die nördlichen Gipfel des Electric Peak und der Barronette- und Abiathar Peaks mit Höhen von über 3000 Metern gehören zu den großen Attraktionen von Yellowstone. Schließlich ist dem Besucher, der es nicht eilig hat, im Sommer eine Autofahrt auf dem Beartooth Highway zu empfehlen, der zwischen der Absaroka Beartooth Wilderness im Norden und der North Absaroka Wilderness Area im Nordosten von Cooke City aus nach Red Lodge in Montana durch spektakuläre Berglandschaften führt.

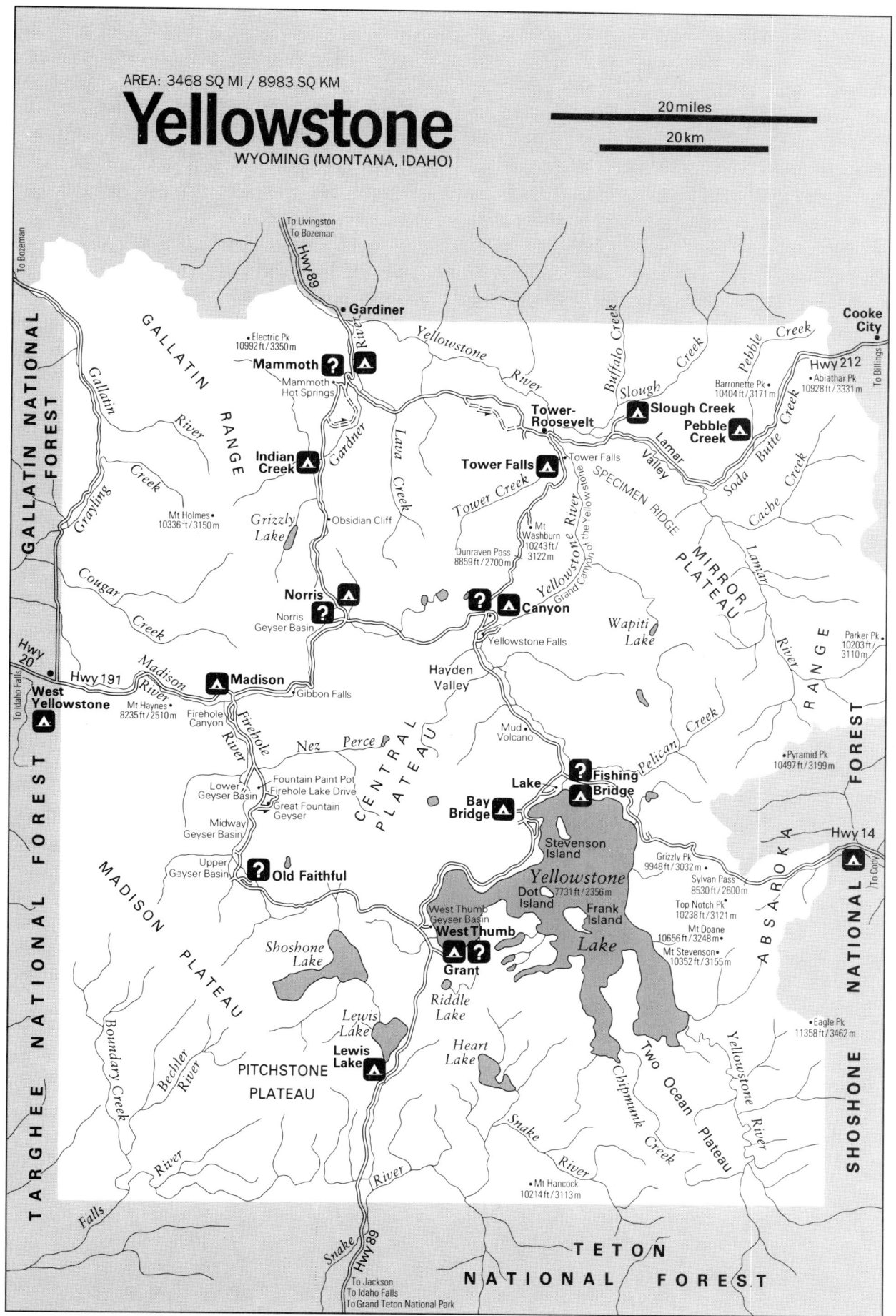

AREA: 3468 SQ MI / 8983 SQ KM

Yellowstone
WYOMING (MONTANA, IDAHO)

20 miles
20 km

To Bozeman

To Livingston
To Bozeman

Hwy 89

Gardiner

GALLATIN NATIONAL FOREST

GALLATIN RANGE

• Electric Pk
10992 ft / 3350 m

Mammoth ?

Mammoth
Hot Springs

Gallatin River

Grayling Creek

Cougar Creek

Gardner River

Indian Creek

Mt Holmes •
10336 ft / 3150 m

Grizzly Lake

• Obsidian Cliff

Lava Creek

Yellowstone River

Buffalo Creek

Slough Creek

Pebble Creek

Cooke City

Hwy 212

Barronette Pk
10404 ft / 3171 m

• Abiathar Pk
10928 ft / 3331 m

To Billings

Tower-Roosevelt

Slough Creek

Pebble Creek

Lamar Valley

Soda Butte Creek

Cache Creek

Tower Falls ▲ Tower Falls

Tower Creek

SPECIMEN RIDGE

MIRROR PLATEAU

Lamar River

ABSAROKA RANGE

SHOSHONE NATIONAL FOREST

• Mt Washburn
10243 ft / 3122 m

Dunraven Pass
8859 ft / 2700 m

Grand Canyon of the Yellowstone

Yellowstone River

Norris ▲

Norris ?
Geyser Basin

? ▲ **Canyon**

Yellowstone Falls

Wapiti Lake

• Parker Pk
10203 ft / 3110 m

Madison River

Hwy 191

▲ **Madison**

Gibbon Falls

Hayden Valley

Mud Volcano

Pelican Creek

• Pyramid Pk
10497 ft / 3199 m

Hwy 20

Hwy 191

West Yellowstone

Mt Haynes •
8235 ft / 2510 m

Firehole Canyon

Firehole River

Nez Perce Creek

CENTRAL PLATEAU

Lower Geyser Basin

Fountain Paint Pot
Firehole Lake Drive

Great Fountain Geyser

Midway Geyser Basin

Upper Geyser Basin

? **Old Faithful**

Lake

? ▲ **Fishing Bridge**

▲ **Bay Bridge**

Stevenson Island

Grizzly Pk
9948 ft / 3032 m

Sylvan Pass
8530 ft / 2600 m

Hwy 14

▲ To Cody

Yellowstone

Dot Island • 7731 ft / 2356 m

Frank Island

Top Notch Pk •
10238 ft / 3121 m

MADISON PLATEAU

West Thumb
Geyser Basin

West Thumb

▲ ?
Grant

Mt Doane •
10656 ft / 3248 m

Lake

Mt Stevenson •
10352 ft / 3155 m

TARGHEE NATIONAL FOREST

Shoshone Lake

Riddle Lake

Lewis Lake

Boundary Creek

Bechler River

Falls

River

PITCHSTONE PLATEAU

Lewis Lake ▲

Heart Lake

• Eagle Pk
11358 ft / 3462 m

Two Ocean Plateau

Chipmunk Creek

Yellowstone River

Snake River

Snake River

Hwy 89

To Jackson
To Idaho Falls
To Grand Teton National Park

• Mt Hancock
10214 ft / 3113 m

TETON

NATIONAL FOREST

To Idaho Falls

*Wie man die Glacier und Waterton Lakes National-
parks erreicht*

Die am nächsten gelegenen Flughäfen sind Great
Falls, Montana, 230 Kilometer südöstlich gelegen,
Kalispell, Montana, 52 Kilometer im Südwesten, so-
wie auf kanadischer Seite Lethbridge, Alberta, 130
Kilometer nordöstlich, und Pincher Creek, Alberta,
55 Kilometer im Norden gelegen, die alle von natio-
nalen oder regionalen Fluggesellschaften bedient
werden. Es bestehen Busverbindungen von Great
Falls und Pincher Creek. Mit der amerikanischen
»Amtrak« gelangt man per Eisenbahn nach West-
und East Glacier, beide an den Grenzen des Glacier
Parks gelegen. Die überwiegende Mehrzahl der Besucher kommt, wie übrigens auch zu den anderen
Nationalparks, per Automobil.

Unterkunft

Beide Nationalparks können mit Hotels von histori-
scher Bedeutung aufwarten. Weiterhin gibt es eine
große Anzahl von Lodges, Motels und Blockhütten
außerhalb der Parkgrenzen, sowie eine Anzahl von
großen Campingplätzen innerhalb der Parks, die
von den jeweiligen Parkverwaltungen betrieben werden. Genauere Informationen sowie Karten und weitergehendes Material sind unter folgenden Anschriften erhältlich: The Superintendent, Glacier
National Park, West Glacier, Montana 59936, oder
The Superintendent, Waterton Lakes National Park,
Waterton Park, Alberta TOK 2MO.

Was man unternehmen kann

Neben Wanderungen auf den fast 1400 Kilometer
langen und gut ausgeschilderten Wildnispfaden
beider Parks hat man die Möglichkeit zu Rucksacktouren, zum Reiten, zum Angeln, zum Bootfahren sowie zu Rundfahrten über die Waterton-Seen, zu Autotouren, im Winter zum Skiwandern. Die Going-to-
the-Sun Road sowie der überwiegend außerhalb der
Parkgrenzen verlaufende Chief Mountain International Highway sind im Winter geschlossen.

Sehenswürdigkeiten

Im Glacier Nationalpark ist eine Fahrt auf der Going-
to-the-Sun Road von St. Mary nach Apgar etwas au-
ßergewöhnlich Interessantes. Nicht nur, daß man
durch die Berglandschaft der relativ kargen und
trockenen Ostseite des Parks über den rund 2000

Meter hoch gelegenen Logan-Paß ins üppige Grün
der Westseite fährt und dabei die verschiedenen Ve-
getationsformen eindrucksvoll kennenlernt, es ist
auch ein einmaliges Erlebnis, auf einem relativ kurzen Pfad von der Paßhöhe aus durch die alpine Tundra zum Hidden-Lake-Aussichtspunkt zu wandern,
um hier zwischen dem Clements- und Reynolds
Mountain die blumenübersäten Hängenden Gärten
zu bewundern. Neben Wildblumen bietet diese Wanderung sehr gute Beispiele der geologischen Phänomene dieses Parks wie zum Beispiel die verschie-
denfarbigen Felsschichten der Bergmassive oder
die uralten Spalten und wellenförmigen Gesteins-
oberflächen, einst schlammiger Grund Jahrmilliar-
den alter Meere. Ein anderer Wanderweg vom Logan-Paß aus führt in nördlicher Richtung an der Garden Wall und dem Mount Gould entlang zum Granite
Park, der früher fälschlicherweise so genannt wurde, weil man Basalt mit Granit verwechselt hat. Von
hier aus geht ein längerer Wanderpfad nach Osten
zurück: über die Kontinentale Wasserscheide, dessen Paß hier nach dem steil aufsteigenden Swiftcurrent Mountain benannt ist, durch großartige Bergregionen zum gleichnamigen See in der sogenannten
Many-Glacier-Region. Eine weitere reizvolle Wildnis-
wanderung führt von hier am Lake Josephine und
Grinnell Lake vorbei zum Grinnell-Gletscher, der an
der östlichen Wand der Garden Wall sozusagen auf-
gehängt ist.

Im Waterton Lakes Nationalpark, den man per Auto
von Süden her nur über den Chief Mountain International Highway am gleichnamigen Berg vorbei direkt
erreicht, lohnt eine Fahrt auf dem Akamina Parkway
zum Cameron Lake, oder auch die zum Red Rock
Canyon auf einer Nebenstraße, die einem alten
Pfad der Pelzjäger der Hudson's Bay Company folgt.
Von hier ist die höchste Erhebung dieses Parks, der
2940 Meter hohe Mount Blakiston, prächtig zu sehen. Auch in diesem Park gibt es herrliche Wanderwege, wie den vom Red Rock Canyon zur Continental
Divide, in südlicher Richtung an dieser entlang und
den Rowe Brook stromabwärts bis zum Akamina
Parkway. Andere Möglichkeiten zum Campieren in
der Hochgebirgswildnis bieten die Crypt-, Alderson-
und Twin-Seen, in denen ein jeder sein Frühstück
selbst angeln kann.

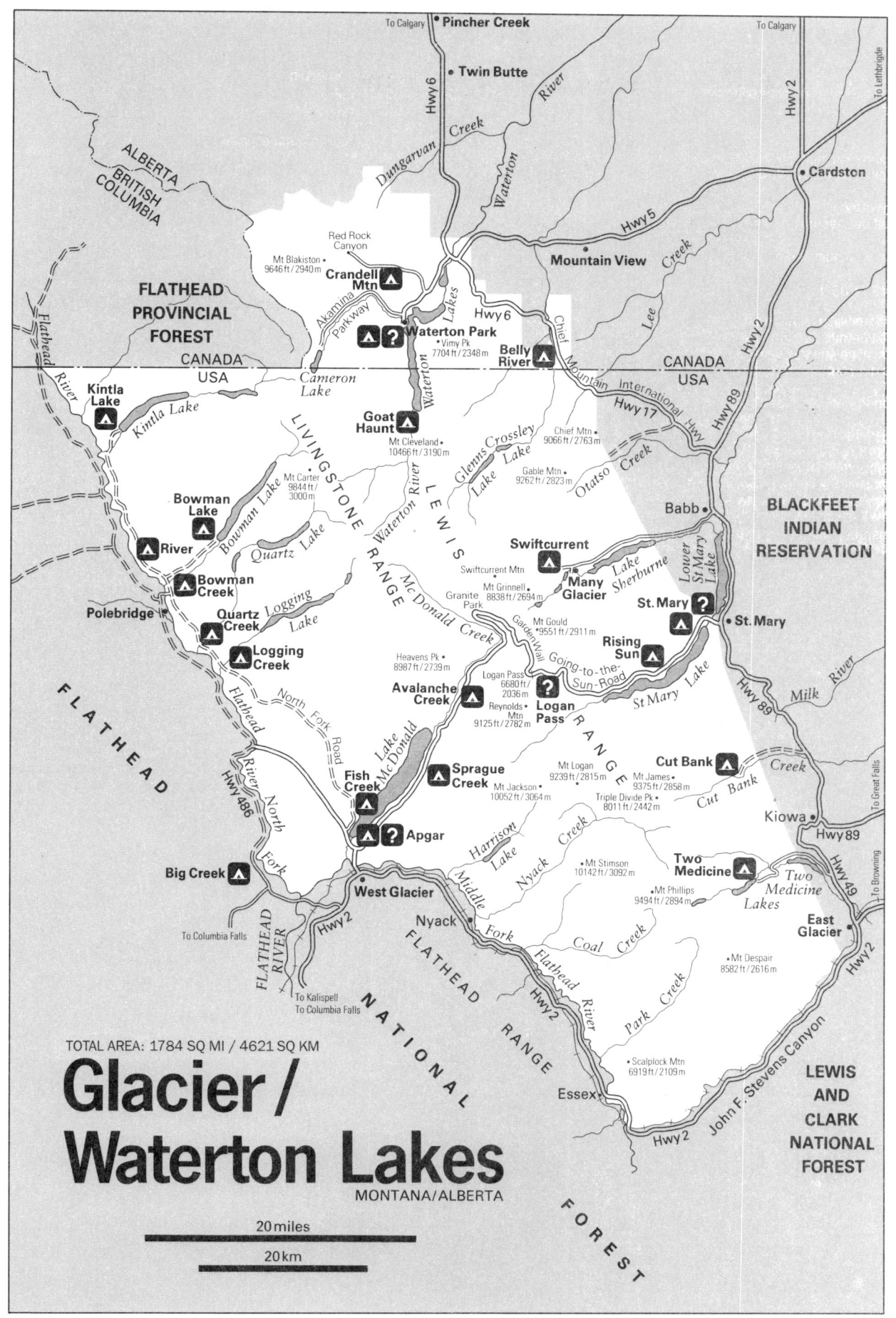

To Calgary • **Pincher Creek**

To Calgary   To Lethbridge

• **Twin Butte**

ALBERTA
BRITISH COLUMBIA

Dungarvan Creek
Waterton River
Hwy 6

Hwy 2

• **Cardston**

Hwy 5

Lee Creek

Mountain View

FLATHEAD PROVINCIAL FOREST

Flathead River

Red Rock Canyon
• Mt Blakiston 9646 ft / 2940 m
Crandell Mtn △

Akamina Parkway

△ ? **Waterton Park** △
• Vimy Pk 7704 ft / 2348 m
Belly River △

Chief Mountain International Hwy

CANADA
USA

Hwy 17

Hwy 89

Hwy 2

CANADA
USA

Kintla Lake △
Kintla Lake

Cameron Lake

Waterton Lakes

Goat Haunt △
• Mt Cleveland 10466 ft / 3190 m

Glenns Crossley Lake Crossley Lake

Chief Mtn 9066 ft / 2763 m

Otatso Creek

LIVINGSTONE RANGE

Bowman Lake △
• Mt Carter 9844 ft / 3000 m
Bowman Lake

△ **River**

Bowman Creek △

Quartz Lake

Polebridge •

Quartz Creek △

Logging Lake

Waterton River

LEWIS RANGE

Gable Mtn 9262 ft / 2823 m

• Babb

BLACKFEET INDIAN RESERVATION

Swiftcurrent △
• Swiftcurrent Mtn

Mt Grinnell 8838 ft / 2694 m
Granite Park

Many Glacier △

Lake Sherburne

Lower St Mary Lake

St. Mary △ ?
• **St. Mary**

Logging Creek △

North Fork Road

McDonald Creek

• Heavens Pk 8987 ft / 2739 m

Garden Wall

Mt Gould 9551 ft / 2911 m

Rising Sun △

Going-to-the-Sun Road

St Mary Lake

Milk River

FLATHEAD

Flathead River

North Fork

Hwy 486

Avalanche Creek △

Logan Pass 6680 ft / 2036 m
Reynolds Mtn 9125 ft / 2782 m
Logan Pass ?

Lake McDonald

Sprague Creek △

Fish Creek △

• Mt Logan 9239 ft / 2815 m

Mt Jackson 10052 ft / 3064 m

Mt James 9375 ft / 2858 m

Cut Bank △

Cut Bank Creek

Harrison Lake

Triple Divide Pk 8011 ft / 2442 m

Kiowa •

Hwy 89

△ ? **Apgar**

Big Creek △

North Fork

West Glacier

Middle Fork

Nyack •

Hwy 2

To Columbia Falls

To Kalispell
To Columbia Falls

FLATHEAD RIVER

Nyack Creek

• Mt Stimson 10142 ft / 3092 m

Harrison Creek

Coal Creek

Flathead River

Two Medicine △

Mt Phillips 9494 ft / 2894 m

Two Medicine Lakes

East Glacier

Hwy 49

To Browning

FLATHEAD RANGE

Hwy 2

Park Creek

• Mt Despair 8582 ft / 2616 m

Hwy 2

NATIONAL

• Scalplock Mtn 6919 ft / 2109 m

Essex •

John F. Stevens Canyon

To Great Falls

LEWIS AND CLARK NATIONAL FOREST

FOREST

TOTAL AREA: 1784 SQ MI / 4621 SQ KM

Glacier /
Waterton Lakes
MONTANA/ALBERTA

20 miles

20 km

Autorenhinweise

Theodor Geus studierte Psychologie, Theater- und Musikwissenschaften in München und Erlangen mit dem Ziel, Journalist zu werden. Stationen der Zeitungsarbeit waren zunächst Bayreuth und Marburg/Lahn, wo er zuletzt das Feuilleton-Ressort leitete, und von 1972 an die in Hamburg erscheinende Monatszeitschrift Merian. 1974 kam er zur Frankfurter Allgemeinen Zeitung, für deren Reiseteil er seit 1978 verantwortlich ist. In dieser Funktion hat er auf vielen Reisen einen guten Teil der Welt betrachtet und beschrieben. Er ist Herausgeber und Mitautor von vier Bänden »Reiselesebücher« mit den Themen Deutschland, Amerika, Asien und Mittelmeer.

Kent und *Donna Dannen* sind Autoren verschiedener Bücher über Wildblumen und Bergwanderwege der Rocky Mountains. Sie haben ferner Beiträge über die Rocky Mountains und Alaska für »Readers Digest«-Publikationen verfaßt und sind regelmäßige Gastautoren verschiedener naturorientierter Zeitschriften. Die Dannens unterrichten im Rahmen des National Wildlife Federation Conservation Summit die Disziplinen Naturgeschichte und Überlebenstraining in der Natur. Sie leben beide mit ihrem Samojede-Schlittenhundteam in Estes Park.

Ron Shade stammt aus einem wenig besiedelten Gebiet des Bundesstaates Pennsylvania und lernte als Jüngster von dreizehn Kindern schon früh die Wege des Virginiahirsches, des Schwarzbären und des wilden Truthahns kennen. Während des Besuchs der Oberschule kaufte er sich die erste Kamera und lernte das Fotografieren. Danach ging er nach Montana, diente vier Jahre in der U.S. Air Force und erhielt im Anschluß daran eine Anstellung im Yellowstone Nationalpark. Hier unterwies ihn im Laufe der Jahre der Park-Fotograf Bill Keller in Tierfotografie. Seither wurden seine Bilder in zahlreichen Büchern und Zeitschriften veröffentlicht. Im Jahre 1985 erhielt er den ersten Preis im Fotowettbewerb des National-Wildlife-Magazins. Er lebt und arbeitet heute überwiegend im Yellowstone, zeitweilig aber auch in anderen Nationalparks.

James Frank hat sich das Fotografieren selbst beigebracht, während er Literatur und Erziehungswissenschaften studierte. Er lebt seit 1979 als freier Fotograf in Estes Park und hat seither große Gebiete der Rocky Mountains durchforscht. Besonders fasziniert ihn die Hochgebirgstundra mit dem zähen Leben ihrer Vegetation und Tierwelt. Er hat zahlreiche Preise in Fotowettbewerben gewonnen, und seine Bilder wurden in Büchern, Kalendern und Zeitschriften veröffentlicht.

Paul Chesley ist ausgebildeter Fotograf, dessen Motive von Landschafts- und Tieraufnahmen in den Rocky Mountains über das Leben auf Hawaii bis hin zu den Menschen in Japan reichen. Er ist in Aspen ansässig und regelmäßiger Fotoautor für die Magazine und Bücher der National Geographic Society. Seine Arbeiten wurden ferner in zahlreichen anderen nationalen und internationalen Publikationen veröffentlicht. Fotoausstellungen fanden in jüngerer Zeit in der Honolulu Academy of Art, im Minneapolis Bell Museum und in den Nishi-Ginza-Galerien in Tokyo statt.

Jeff Foott ist ein Mann vieler Talente und Fähigkeiten: Er hat Biologie studiert, als Ranger im Yosemite Nationalpark gearbeitet, als Bergführer und Skilehrer im Grand Teton Gebiet, und er ist diplomierter Taucher. Als ausgebildeter Fotograf und Kameramann hat er sich zu einem der bekanntesten Regisseure von Tier- sowie Tauchsportfilmen in Amerika emporgearbeitet. Neben Dokumentarfilmen sind seine Fotos in nahezu jeder naturorientierten Zeitschrift und in vielen Büchern erschienen. Wenn er nicht in der Welt umherreist, lebt er in einer kleinen Ortschaft in Wyoming nahe der Teton-Bergkette.

Bildverzeichnis